史家之绝唱

无韵之离骚

少年读史记故事
列国春秋

高金国　编著

北方联合出版传媒(集团)股份有限公司
万卷出版公司

ⓒ 高金国 2021

图书在版编目（CIP）数据

少年读史记故事. 列国春秋 / 高金国编著. — 沈阳 ： 万卷出版公司，2021.1（2021.9重印）

ISBN 978-7-5470-5543-4

Ⅰ.①少… Ⅱ.①高… Ⅲ.①中国历史－古代史－纪传体②《史记》－少年读物 Ⅳ.①K204.2-49

中国版本图书馆CIP数据核字（2020）第245051号

出 品 人：王维良
出版发行：北方联合出版传媒（集团）股份有限公司
　　　　　万卷出版公司
　　　　　（地址：沈阳市和平区十一纬路25号　邮编：110003）
印 刷 者：辽宁新华印务有限公司
经 销 者：全国新华书店
幅面尺寸：145mm×210mm
字　　数：120千字
印　　张：6
出版时间：2021年1月第1版
印刷时间：2021年9月第4次印刷
责任编辑：齐丽丽
责任校对：张兰华
装帧设计：范　娇
封面设计：Amber Design 琥珀视觉
ISBN 978-7-5470-5543-4
定　　价：28.00元
联系电话：024-23284090
传　　真：024-23284448

为什么要读《史记》？

两个为什么

现在，我要开始写这本书；而你，要开始读这本书。

我们面临一个共同的问题——

对我来说，是："我为什么要写这本书？"

对你来说，是："你为什么要读这本书？"

只要知道了"你为什么要读这本书"，也就知道了"我为什么要写这本书"，以及应该怎样写，应该突出什么、避免什么……

可以说，"你的问题"是解开"我的问题"的钥匙。

是啊，我们为什么要读《史记》呢？在我读过的所有书中，这本书的枯燥程度，大概仅次于《黄帝内经》了。

当然，我指的是还没入门的时候。一旦入了门，就好像进入了一座宫殿，枯燥、干巴的句子，瞬间优美起来；还跟上网的"超链接"一样，能让你从这个句子联想到其他典故，大脑自动点击"链接"，就进入了另一个世界……

但要到那程度，估计你都上大学了。现在，《史记》对你来说，依然十分枯燥。书里提到的名人，不说上万，几千总有吧？就算专家，也未必能全记住。

我从哪里来

这么枯燥，我们干吗还看它呢？

因为，随着年龄的增长，你一定会问一个问题。

我是从哪里来的？

我是爹妈生的。

爹妈是从哪里来的？

爷爷奶奶、姥姥姥爷生的。

他们又是从哪里来的？

祖先繁衍的。

祖先又是从哪里来的？

——问到这里，你爸妈估计快崩溃了。

还好，他们想到了《史记》。

答案就在这本书里。

《史记》里寻根

《史记》的第一篇，叫《五帝本纪》；里面讲的第一个人，就是我们共同的祖先之———黄帝。

我们都是炎黄子孙，这个"炎黄"，指的是炎帝、黄帝，他们是黄河流域最早的两大部落首领；在炎黄的基础上，繁衍了"华夏族"；在华夏族的基础上，形成了中华民族。

为了说得清楚一点儿，我举个例子。

我姓高，山东人。山东古称齐鲁，齐、鲁是周朝的两个诸侯国，齐国第一任国君是姜太公。

通过研究史料，我发现，高姓，大多是姜太公的后裔。姜太公的子孙后代，最主要的是姓姜和吕，也有其他分支——多达二十来个，其中就有"高"。

姜太公的后代为什么不全都姓姜，还分出那么多姓？

因为古人使用姓的时候，很不规范；有的根本就没姓，甚至连名都没有。其原因很简单：人少。

高姓，源自姜姓，而姜是炎帝的姓氏。所以，这一姓氏最初的源头，就是炎帝。

于是，通过看《史记》，结合其他史料，我知道我是从哪里来的了；对着小伙伴们炫耀一下，还是很有自豪感的。

祖先在哪里

我找到答案了。可是，你还没有。那么，看《史记》吧！一定要注意里面千奇百怪的姓名，说不定，就和你有关！

不过，还有个问题没解决。

万一别人说："中国十几亿人口，怎么偏偏你是炎帝（或者某位名人）的后代？"

一开始我也有这个困惑。后来，我想通了。

你听说过"填满棋盘64格大米"的故事吧？皇帝要感谢农夫。农夫说，你把这个棋盘填满就行了。怎么填呢？第一格，放1粒大米；第二格，放2粒；第三格，放4粒；第4格，放8粒……总之，下一格翻一倍，就行了。

皇帝一听，这简单！没想到，算到第64格，全国的大米都放进去，也不够……

人类的繁衍是同样的道理，一个生两个，两个生四个，四个生八个……只要环境能够承受、没有意外灾害，会呈"几何级数增长"。几千年前一个几十人的小姓，到现在发展成几千万人，很正常。

好了，现在，让我们一起开始《史记》的"探索之旅"吧！

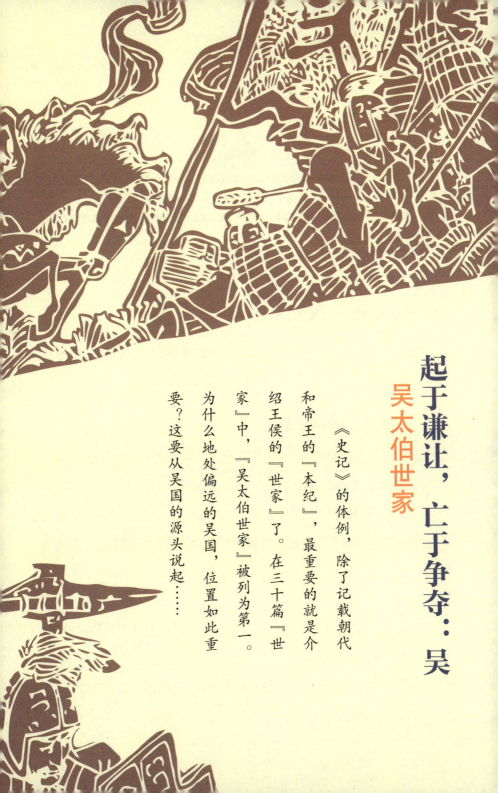

起于谦让，亡于争夺……吴

吴太伯世家

《史记》的体例，除了记载朝代和帝王的『本纪』，最重要的就是介绍王侯的『世家』了。在三十篇『世家』中，『吴太伯世家』被列为第一。

为什么地处偏远的吴国，位置如此重要？这要从吴国的源头说起……

礼让兴邦：国君还是你来当

带着问题读《史记》

吴国历史上有一个人，大家一致推举他当国君，可他死活不当，后来还逃跑了。你知道他是谁吗？

◎ 周文王的两个伯父

周文王，大家都很熟悉，正是周文王积蓄力量，打下了基础，他儿子周武王才最终灭掉了商，建立了周。

可是，如果不是周文王的两个伯父谦让，周文王差点儿就当不上周部落的首领了。这个故事咱们在第一册中提到过，再简单回顾一下。

周文王的爷爷，后来追封为周太王，名叫古公亶（dǎn）父。周太王有好几个儿子，小儿子名叫季历；季历有个儿子，名叫姬昌，也就是后来的周文王。

周太王特别看好这个孙子，觉得这孩子将来一定能成大器，非常希望他能继位。可是，周历代以来，基本都是长子继承制，让姬昌继位，有个难题：必须先让他爹季历继位，下一任首领才能轮到他。

姬昌的两个伯父，即太伯和仲雍（《史记·周本纪》中作虞仲），看出了周太王的心思，决定满足父亲的心愿。于是，两个人为了让季历继位，干脆跑了。

往哪儿跑啊？哪儿荒蛮往哪儿跑。当时南方还不发达，他们一直跑到了荆地。两人在身上画了纹彩，剃了头发，这样即便周太王派来的人找到他们，他俩因为外貌已经"蛮夷化"，也没法回周"主持工作"了。

两人在荆蛮之地扎下根来，当地很多部落推崇他俩的义举，纷纷追随他们，前来归附的部落达一千多家，最终建立了吴国。兄弟俩中的老大，被拥立为吴太伯。

这就是吴国的来源。可以说，吴国之所以出现，源于礼让。这种礼让之风，绵延了很久。他们的后代中，又出了一位多次谦让甚至逃避王位的贤人，名叫季札（zhá）。

⊛ 又一个贤能的幼子！

真是"无巧不成书"，周太王为了让姬昌继位，把王位传给了幼子季历；到吴国国王寿梦这一代，类似的情景重新上演了。

寿梦有四个儿子，最小的儿子名叫季札，十分贤能。寿梦想把王位传给他。

这种天上掉馅饼的好事儿，季札却坚决拒绝了。寿梦没办法，

只好把王位传给了大儿子诸樊。

诸樊继位刚满一年，这时候，因为父亲去世的服丧期已经满了，他主动提出来："弟弟，国王还是你来当吧！这既是先王的愿望，也是百姓所盼望的啊！"

季札还是坚决推辞："按照礼法，该继位的就是大哥你，你就放心做你的国王，不用担心别的！何况，因为坏了国君继承的规矩而造成的血案，历史上可是不少了！"

说服了哥哥诸樊，吴国的舆论却不是那么容易说服的，吴国人纷纷议论、倡议，希望让季札当国君。

这哪行？这岂不是在哥儿俩中间制造矛盾吗？季札迫不得已，干脆"出逃"，家都不要了，自己到野外开荒种地去了。看到他态度如此坚决，吴国人才慢慢放弃了让季札继位的想法。

> **画外音**：季札的做法，是十分明智的；吴国人要求拥立季札的舆论，却是不明智的。因为，现在有一个国君诸樊，拥立季札，岂不等于废掉诸樊吗？
>
> 打着拥立贤能的幌子，胁迫诸樊退位，让季札继位，无异于离间兄弟俩的关系。
>
> 季札逃跑，恐怕不仅仅是因为谦让，也是为了避免让大哥难堪。

但诸樊让位给季札，却并非出于客套，而是真心的。十三年后，诸樊去世，去世之前，他下令让二弟继位；老二去世后再传位给老三，王位在兄弟之间轮流转，一直传到老四季札。

然而，王位传给老三余眜后，他干了四年，也去世了。这回，该轮到季札了吧？

没想到，季札又逃跑了。

怎么办？吴国的大臣们一合计：先王遗命是传给季札的，但季札既然跑了，那"兄弟轮流做"的规矩就该改改了，让老三的儿子继位吧！

于是，老三余眜的儿子继位了，这就是吴王僚。

大臣们忽视了一个问题：当初是老大诸樊礼让，没让儿子继位，让弟弟继位的；既然"兄弟轮流做"轮完了，是不是应该让老大

的儿子继位啊?

小小的疏忽,酿成了后患。

【原著精摘】

　　季札之初使,北过徐君①。徐君好季札剑,口弗敢言。季札心知之,为使上国,未献。还至徐,徐君已死,于是乃解其宝剑,系之徐君冢树而去。从者曰:"徐君已死,尚谁予乎?"季子曰:"不然。始吾心已许之,岂以死倍吾心哉!"

【注释】

　　①徐君:徐国国君,嬴姓,周初的封国,在今江苏省泗洪县。

【译文】

　　季札刚开始出使北行的时候,路过徐国,造访徐国国君。徐君喜欢季札的宝剑,但没敢说出来。季札明白徐君的意思,因为还要到中原各国访问,不能不佩带宝剑,所以就没给他。季札出使回来,再次经过徐国,徐君却已经去世了。于是解下宝剑,把它挂在了徐君墓前的树上,然后离开。随从说:"徐君已死,那宝剑还给谁呀?"季札说:"话不能这么说。当时,我内心已经答应把宝剑送给他了,怎么能因为他去世,就违背我自己的意愿呢!"

专诸刺僚：刀光剑影终上场

带着问题读《史记》

吴王僚戒备森严，专诸想要刺杀他，实在比登天还难。他是怎样成功刺杀吴王的？

◎ 伍子胥登场了

蛋糕面前，有人谦让，有人争抢。历史永远是这样：没有永远的争夺，也没有永远的谦让。

季札多次主动辞让国君，在国内形成了很好的影响。可是，再好的风气，也怕挑拨。

吴王僚继位的第五年，"挑事儿"的人来了。这个人，在戏曲舞台上大名鼎鼎，叫伍子胥。

他在戏曲舞台上的特点十分突出：头发、胡子都是白的。

为什么白呢？忧虑、气愤之类的情绪闹的。他本是楚国人，楚平王轻信奸臣，杀了他的父亲和哥哥，他忍辱负重，逃到了吴国。

他是一个能力很强的人，一心想着报仇，为此不惜挑起战争，鼓动吴国攻打楚国。

的确，那时候吴国和楚国也经常发生战争，吴国公子光，多次带兵攻打楚国。然而，当伍子胥投靠公子光，鼓动吴国再度攻打楚国时，公子光却犹豫了。

"这个伍子胥，总是挑拨我们攻打楚国，动机不纯！他不是为了我们吴国的利益，而是为了报私仇！"

公子光这番话，让伍子胥心里拔凉拔凉的。明明经常和楚国作战，算是仇家，到了关键时候，为何却不愿打了呢？伍子胥一头雾水。

了解了公子光的所图所想之后，伍子胥恍然大悟：哦，原来他想的是这个呀！

公子光在想什么呢？

◉ 四叔不当，该轮到我了！

没错，公子光想的，就是小标题的这句话。

前任国王、三叔余眜去世之后，既然四叔季札跑了，那按照顺序，应该四兄弟中老大（诸樊）的儿子继承国君之位！

其实也是有道理的。寿梦四个儿子，老大到老三，轮流做了一遍国君；按照这个传统，理应老大的儿子继续当。可事实是，老三的儿子继位了。

画外音: "兄终弟及"的王位继承制度,古代也有,但后来被"父死子继"取代了,因为"兄终弟及"更容易酿成流血政变。

核心原因,和公子光的想法一样:兄弟几个轮流当了一遍国王之后,该把王位传给老大的儿子呢,还是该传给老小的儿子呢?

历史上两种情况都有,没有"一定之规",所以这个就比较模糊。

政治问题,答案越模糊的地方,越容易起争端。

老大的儿子们如果把王位夺了过来,就会让自己家的弟兄们"轮流坐庄",不可能再传给老小的儿子们——也就是堂兄弟们了。

这样一来,就成了家族之间的争斗,很容易扩大化,形成武装冲突。所以,后来多数王朝,干脆"一刀切",用"父死子继"代替了"兄终弟及"。

所以他愤懑,他不满。

什么吴国的利益?什么攻打楚国?他才不在乎!自己拼命作战、攻打楚国、占领楚国的土地,到最后还不是"为他人作嫁衣",替吴王僚卖命嘛!

他不干!

好在有四叔季札这样的"礼让"传统,一开始他也不敢公开竞争,时间长了,他就忍不住了,暗中结交贤士,企图找机会

刺杀国君。

可是，一直没有好的人选。他的小心思，吴王僚猜也猜得出来，处处戒备。在戒备森严的地方搞暗杀，往往只有一个办法：刺客和刺杀目标同归于尽。

换句话说，刺客必须是亡命之徒。这样的人，还真不好找。

怪不得公子光对攻打楚国不积极，原来症结在这儿啊！找到了症结，问题就好办了。

伍子胥找了一个勇士（自然是不怕死的亡命之徒），名叫专诸，献给了公子光。公子光如获至宝，非常高兴，用很高的礼节来招待伍子胥。

随后，伍子胥很知趣地找个地方隐居了。他知道，刺杀吴王，需要机会，需要等待；刺杀成功，公子光继位之后，才是自己大展宏图的时机。

◉ 烤鱼有风险，吃鱼须谨慎

公子光很能熬，伍子胥也很能熬。熬着熬着，居然把伍子胥的杀父仇人——楚平王给熬死了。

楚平王去世，让伍子胥大为失望。他多希望自己亲手杀了他！可没想到，再大的仇恨也经不起岁月的煎熬，仇人死翘翘了！

不过，楚平王去世，却给等待已久的公子光一个绝佳的机会。

因为，吴王僚做了一个错误的决定：趁楚国国君刚死，新君继位立足未稳，攻打楚国！

光攻打楚国也就罢了，他还错上加错，居然把自己的四叔、多次拒绝国君之位的季札，派了出去！

季札是外交家，吴王派他出使的目的，是观察诸侯国对吴国攻楚的反应，倒也没什么问题；问题就在于：吴王选错了时间。

这两个错误，给了公子光一个极好的机会。楚国也十分配合：吴国的部队被楚军抄了后路，回不来了！真是偷鸡不成反倒蚀把米。

大军在外，回不来；季札出访，没了"谦让"的压力，此时不动手，更待何时？

自己杀死国君，继承王位，根据前几任国君"兄终弟及"的惯例，道理上也说得过去；四叔季札即便回来，木已成舟，也没法再说什么了。想到这里，公子光秘密会见专诸，让他利用吴王赴宴之机，刺杀吴王！

一张大网，就此布下。

"什么？公子光请我到他家赴宴？"

听到这个消息，吴王僚想必十分犹豫，公子光内心打什么小九九，他很清楚。

可是，不去貌似也不太好。

不知道他是咋想的，最终，他还是去了。

即便赴宴，他也相当谨慎：从王宫到公子光的府邸，沿途全是士兵，严阵以待；到了公子光的家里，卫兵也是寸步不离，门口边、台阶上甚至宴席的席位旁，到处都是持刀带剑的卫士。

公子光已在地下室里，秘密埋伏了卫队。不过，看到吴王这阵势，估计他心里也捏着一把汗，忐忑不安："今晚谁赢？输了，就死定了！"

这酒，估计哥儿俩都喝得不痛快。喝到半途，公子光说自己脚痛，找了个借口，到地下室找到专诸，示意："行动！"

——别急，最后那道菜还没上呢。

这大概是公子光府上最有名的一道菜了：烤鱼。

吴王僚对当晚的安全防范措施，也是满意的，没毛病，一切顺利。麻溜溜地吃了这顿"鸿门宴"，兄弟俩就一拍两散了。

烤鱼上来了。

一个人端着盘子，低着头，很恭敬地把烤鱼端了上来。和往常似乎没什么两样，似乎又有点什么异样。

因为，这个上菜的人，似乎以前没见过……

不管吴王僚有没有发觉异样，都已经晚了。那人把菜放到桌上，未等吴王反应过来，忽然从烤鱼中抽出一把利刃，刺入吴王胸膛！

卫士们反应迅速，刺客专诸当场被杀死。

然而，于事无补了，因为吴王僚已被专诸刺死了。

等季札出使回来，吴国已经"变了天"，公子光成了新任国君，这就是吴王阖闾。

季札无可奈何，只能接受这一结局。

【原著精摘】

四月丙子，光伏甲士于窟室，而谒王僚饮。王僚使兵陈于道，自王宫至光之家，门阶户席，皆王僚之亲也，人夹持铍①。公子光详为足疾，入于窟室，使专诸置匕首于炙鱼之中以进食。手匕首刺王僚，铍交于匈，遂弑王僚。公子光竟代立为王，是为吴王阖庐。阖庐乃以专诸子为卿。

【注释】

①人夹持铍：每人两手都手持利刃。铍，两刃小刀。

【译文】

四月丙子日，公子光预先在地下室埋伏了佩带武器的士兵，然后请吴王僚来饮酒作乐。吴王僚派士兵陈列在道路两旁，从王宫一直排列到公子光的家中，公子光家的大门、台阶、屋门、坐席旁，布满了吴王的亲兵，在王僚的左右两边都有警卫拿着利剑。公子光假装脚疼，进了地下室，命令专诸将匕首藏在烤鱼的肚子里，伪装成传菜者给吴王上菜。专诸突然从鱼腹中取出匕首刺中王僚，卫士的剑同时刺入了专诸的胸膛，但吴王僚已被杀死。公子光终于自立为王，就是吴王阖庐（阖闾）。阖庐任命专诸的儿子为卿大夫。

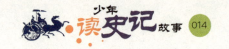

吴越争霸：结仇不会有赢家

伍子胥成功"复仇"了吗？对他的"复仇"手段，你怎么看？赞成还是反对？

◎ 伍子胥鞭尸

当了国君的吴王阖闾，就跟"打了鸡血"一样，连续发动战争：

继位第三年，攻打楚国，吴胜；

第四年，再度攻楚，吴胜；

第五年，攻打越国，吴胜；

第六年，楚国攻打吴国，吴国迎击，吴胜；

第九年，攻打楚国，攻入楚国都城郢（yǐng），吴胜；

第十年，越国攻打吴国，吴国迎击，吴军大败，同一年，秦国为了救楚国，进攻吴国，吴军又败；

第十一年，吴国派太子夫差进攻越国，吴胜；

第十九年，吴国再度进攻越国，吴军大败，吴王阖闾受伤死亡。

国君当了十九年，打了九场仗（其中第十年同时和秦、越开战），这个吴王阖闾，简直就是"战争贩子"！

如果不是他受伤死亡，战争说不定还会持续下去。

而且，阖闾执政期间，吴国的战争呈现一个很有趣的特点：前九年，吴国连战连胜，几乎没有吃过大的败仗；后来就不行了，胜负都有，把国君的命都搭上了。

因为，这个"战争贩子"引发了众怒。吴军攻入楚国都城，很多事情做得很过分，越国趁机从背后偷袭、秦国从正面进攻，吴国腹背受敌，不败才怪。

前几年吴国连战连赢，也是有原因的。那个时代什么最贵？人才。

阖闾手下的两个精英，都是大名鼎鼎：一个，是《孙子兵法》的作者，有"兵圣"称号的孙武，那水平、那能力，不用提了；另一个比他差一点，却也相当了得，就是伍子胥。

不过，伍子胥有一个弱点，着实令人头疼：报复心理太重，复仇情结浓得化不开。

他的父亲、哥哥，遭奸臣陷害，被楚平王杀死；他逃到吴国，立志报仇雪恨。这是说得过去的。

但为了报仇，他不惜多次挑起战争，利用国与国之间的争斗，来为自己报私仇，导致生灵涂炭，这就说不过去了。

吴王阖闾继位之后，头三年为了巩固政权，专心考虑内政，还顾不上发动战争；三年之后，六年内主动发动了四次战争，

其中就有三次是攻打楚国——唯一一次例外，是攻打越国，但目的也是巩固后方，为攻楚做准备。

战争这么频繁，主要目标始终是楚国，这其中难道没有伍子胥怂恿的因素吗？要说没有，恐怕鬼都不信。

画外音： 如果加上楚国主动进攻的一次，吴国六年内共发生了五场战争，几乎一年多就打一场！

一年，貌似时间也挺长啊。可是，你要考虑那个年代的交通条件，现在一个小时能到达的地方，那个年代可能需要几天；春秋战国时代，有些仗一打就是好几年，因为走得慢，后勤供应更慢，所以打仗的节奏也是相对缓慢的。

一年多一场战争，已经接近当时战争频率的极限了。

在"兵圣"孙武、名将伍子胥的运筹之下，吴王阖闾如愿以偿，攻占楚国的都城郢。

在楚国都城，一件令人瞠目结舌的事情发生了。

伍子胥终于可以报仇了。可是，仇人楚平王几年前就死了，他儿子楚昭王也逃跑了，咋办？

死的死了，跑的跑了，你以为伍子胥就没办法了？不。俗话说，跑得了和尚跑不了庙！

伍子胥命人把楚平王的墓挖开，挖出尸体，拿着鞭子，亲自鞭打尸体！

这得多大仇、多大怨啊？

伍子胥之所以不得人心，吴国之所以陷入"不义"，就是从这时候开始的。

就在伍子胥"痛快"复仇的时候，越国从背后捅了吴国一刀子。

◉ "自杀战法"

吴国和越国，在阖闾之前，就经常发生战争，属于"历史不友好"国家。

吴王阖闾十年，吴国大军杀入楚国都城，楚国眼看就要亡国了，幸好两股力量出手，拯救了楚国：一个是越国，看到吴王身在楚国都城，国内兵力空虚，趁机从背后下手，进攻吴国；另一个是秦国，应邀救楚，攻打吴国。

吴王阖闾两面受敌——哦，不对，应该说是三面受敌，因为还发生了内乱，阖闾的弟弟夫概趁机自立为吴王，后被阖闾打败；看看这个时候的阖闾，简直成了过街老鼠——人人喊打了。

楚昭王后来重新回到都城，楚国算是保住了。吴王阖闾一开始战果辉煌，没想到最后却是竹篮打水一场空，灰溜溜地领兵回到吴国，把夫概打跑了。

白忙活一场，啥也没捞着，阖闾消停了几年。可是，八年之后，他又按捺不住，想打仗了。

这次的目标，是老对手越国，必须先解决掉这个心腹大患！

吴王阖闾十九年，吴国发兵攻越，越王勾践领兵迎击。

吴国强大，越军也不是吃素的；越王勾践创造了一种离奇的

战法，不仅让吴国军队，也让后人瞠目结舌。

勾践找了一批勇士，类似于今天的"敢死队"，一个个都不怕死、不要命。

这倒也没啥，战士嘛，就应该勇猛冲锋、不怕牺牲。

这批敢死队员，在吴军前面列好阵势，排成三行，冲向了吴军……按道理，接下去该是激烈搏杀啊！然而，并没有。

敢死队跑到吴军阵前，停下，大声喊叫着，然后，自杀了！是的，你没看错，他们的刀剑没有砍向敌人，而是抹了自己的脖子！

我们看到这里都吓呆了，何况当时目睹的吴军士兵呢？他们有的被吓呆，有的看得出神，总之忘了自己是来打仗的……

趁吴军分神的工夫，越军突然发起冲锋！

吴军被打了个措手不及，迅速溃败，以致吴王阖闾也受了伤，回到都城之前，死了。

阖闾一死，夫差继位，成了吴王。

⊛ 卧薪尝胆

勾践的杀父之仇，夫差一直没忘，继位的第二年，他发兵攻打越国，把越国打得大败。越王勾践带着仅剩的五千兵马，退守会稽。

怎么办？求和吧！勾践的特点是能忍耐，好死不如赖活着。越王的大臣文种，贿赂吴国的太宰嚭（pǐ），让他帮着求情。太宰嚭软磨硬泡，夫差总算同意讲和，条件是越王勾践给吴王当三年奴仆。

听到夫差同意讲和的消息，伍子胥气得差点吐血："现在不灭掉越国，早晚会成心腹大患！"

被太宰嚭迷惑了的夫差，不听伍子胥的劝阻，做出了让他后悔一生的决定：和越国订立和约，退兵而去。

吴王夫差不是个铁石心肠的人，替父报仇的怨念，也不像伍子胥那么强烈。伍子胥一再提醒他"注意越国这个心腹之患"，夫差没有理会。

此时的越王勾践，却在暗中厉兵秣马、卧薪尝胆，准备复仇。

夫差没把越王放在眼里，因为他的目标不是征服一个越国，而是成为春秋霸主！为此，他盯上了北边的齐国。

齐国因为齐景公去世，局势动荡，夫差继位第七年，起兵北伐齐国，大胜齐军。此后几年，又连续多次攻打齐国。

而且，在吴国这几次北伐过程中，越国貌似很老实啊，没有从背后偷袭。吴王夫差渐渐也就大意了："伍子胥是不是年纪大了，谨慎得有点过分了！"

他不知道，毒蛇咬人，只需要一次就够了。

吴王夫差十四年，"毒蛇"终于给了他致命一击：越国趁吴王北上，企图称霸中原的机会，攻打吴国，俘虏了吴国太子，占领了吴国都城！

你在外边称霸，人家占了你老家！

夫差傻眼了。

可当时，他正在举行诸侯大会，商量谁做盟主呢！表面风光

无限，没想到"后院失火"。

夫差固然焦虑，却不想让消息泄露，命令所有人封锁消息。然而，没有不透风的墙，吴国"后院失火"的消息，还是被诸侯知道了。夫差大怒，在会盟的帐幕下把七个知情人全部杀死。

你老家都被人占了，还有什么资格争夺盟主？诸侯们估计都这么想，尤其是晋定公，和吴王夫差争来争去，谁也说服不了谁。一气之下，晋国要打吴国，吴国都城都被越国占了，哪里还敢打？于是，盟主最终成了晋定公，夫差灰溜溜地、狼狈不堪地带兵往回走。

可是，你现在还有资格和越国对抗吗？太子被抓，都城被占，士兵疲惫，没有后援……打？岂不是找死？

那就讲和吧，毕竟，我夫差当年放过你一马，你勾践也该知恩图报吧！

还好，勾践给了他个面子，两国讲和。然而，和平只是暂时的。

几年之后，越国更加强大，再度攻打吴国，夫差被打得彻底没了脾气，成了亡国之君。勾践倒是没有赶尽杀绝，想让夫差迁到别的地方居住——相当于流放。

年迈的夫差此时悔不当初，也不想活了："当年，我不听伍子胥之言，放过了你，才落得如此凄惨的地步！"说罢，自刎身亡。

吴越之争，由此落下帷幕。

画外音：吴王夫差的目的是称霸，这本无可厚非。但做任何事情都要记住一点：不能光看到目标，就忘了身边的隐患。

越王勾践对吴国的臣服，只是表面上的，这是吴王称霸的最大隐患。这个隐患不解决，光想着称霸，就好比现在很多工厂光想着增加产量，却不注意防范火灾一样；隐患一旦爆发，往往前功尽弃。

【原著精摘】

七年，吴王夫差闻齐景公死而大臣争宠，新君弱，乃兴师北伐齐。子胥谏曰："越王勾践食不重味，衣不重采，吊死问疾，且欲有所用其众。此人不死，必为吴患。今越在腹心疾而王不先，而务齐，不亦谬乎！"吴王不听，遂北伐齐，败齐师于艾陵。

【译文】

七年，吴王夫差听说齐景公去世，大臣们争权，新立的国君势力弱小、立足未稳，于是就想北伐齐国。伍子胥劝谏道："越王勾践吃饭不吃两个肉菜，穿衣不穿有两种颜色的衣服；又去吊唁死者，慰问患病的人，这是想收揽人心，有所作为。勾践只要不死，就是吴国的祸患。现在越国是我国的心腹大患，您却不先来处理，反倒把力量用于攻打齐国，不是太荒谬了嘛！"吴王不听他的劝谏，坚持北伐齐国，在艾陵大败齐兵。

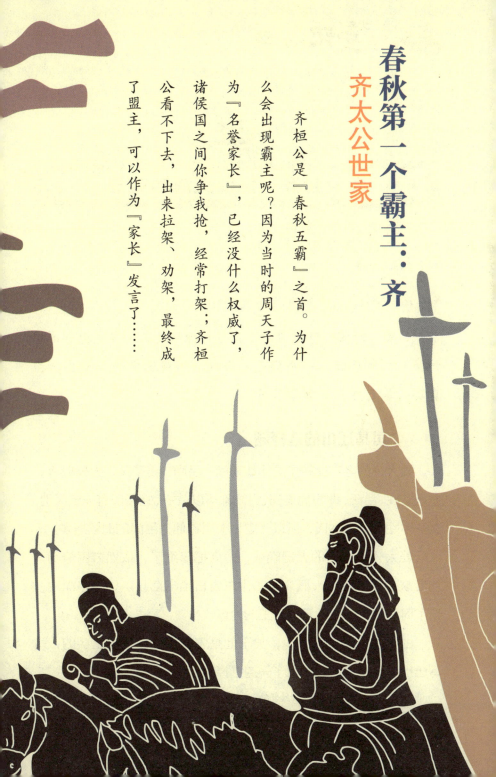

春秋第一个霸主：齐

齐太公世家

齐桓公是『春秋五霸』之首。为什么会出现霸主呢？因为当时的周天子作为『名誉家长』，已经没什么权威了，诸侯国之间你争我抢，经常打架；齐桓公看不下去，出来拉架、劝架，最终成了盟主，可以作为『家长』发言了……

太公封齐：协助灭商功劳显

带着问题读《史记》

如果有时间，可以看看小说《封神演义》或者电视剧《封神榜》，然后回答一个问题：小说、影视剧中的姜太公，和真实的姜太公，有哪些不同？

司马迁出的选择题

姜太公的名字比较多，比如姜尚、吕尚、姜子牙、太公望等。他是姜姓、吕氏，你叫他姜尚、吕尚都可以。古代姓和氏有一定区别，女子称姓，男子称氏，所以《史记》里称他为吕尚的时候居多。

姜太公是典型的大器晚成，一大把年纪了，依然穷困潦倒，从老家东海之滨（大概今天的山东省日照市莒县），一路漂泊，到了周西伯——也就是周文王的地盘。

由于确凿的史料太少，关于他是怎么和周西伯接上头的，司马迁也拿不准，给后人出了一道选择题，共有三个选项：

A.姜太公在渭水北岸钓鱼，周西伯主动联络他，"愿者上钩"了。

周西伯见到太公，很激动，说："我太公说过，'将来会有圣人到周，周因此兴盛'——说的就是先生您吧！我太公期望您很久啦！"因为"我太公期望您很久啦"这句话，吕尚又被称为太公望。

B. 姜太公曾经在商纣王朝中做官，因为商纣无道、暴虐，决定弃暗投明，于是找到了明主周西伯。

C. 姜太公一直在海边隐居，周西伯被商纣王囚禁了，他的大臣们于是找到姜太公，请他出主意，并邀请他出山，辅佐周西伯"创业"。姜太公答应了，出计让人用美女、宝物贿赂商纣王，成功救出周西伯，自己从此成了周西伯的大臣。

话说，司马迁先生干吗给子孙后代们出选择题啊？

他也很无奈的，毕竟姜太公那个时代，可以确信的资料太少了，很多都是没有影儿的传说、故事；能找出这么三个相对确凿一点的选项，已经不错了。

但到底哪个选项是标准答案，司马迁也拿不准。干脆，都写上，难题留给后人吧！

不过，依我看，这个难题恐怕是要继续难下去了。

姜太公的能力，是毋庸置疑的。在他的辅佐下，周王朝蒸蒸日上，和江河日下的商王朝形成了鲜明对比。

周文王去世后，周武王继承了父亲的事业，继位第九年，第一次出兵讨伐商纣，因时机未成熟，在盟津盟誓而返。两年之后，商纣王残害王子比干，将其剖腹挖心，导致天怒人怨，伐商时机已经成熟。

在牧野，周武王的军队大败商纣，建立了周朝。在建立周朝的过程中，姜太公功不可没，周武王将其分封到齐国做国君，都城营丘。

磨磨蹭蹭的"赴国"之旅

姜太公被封到了齐国，于是赶往营丘赴任。奇怪的是，他这一路却走得磨磨蹭蹭，一点也不着急。

至于原因，我们只能猜测了。当时的齐国，四周有很多"东夷"部落国家，对其虎视眈眈，环境远不如周地。周武王分封诸侯，一方面是奖励，另一方面也是让这些功臣为大周巩固边疆。

辅佐文王、武王，连年东征西讨，现在又要去齐地为大周"巩固边疆"，姜太公难道是累了？

总之他走得很慢，慢到让"客舍中人"都看不下去了。

客舍，就是旅馆。姜太公带着自己的人马，路过一个旅馆，进去住宿休息，客舍中的一个旅客说：

"我听说机不可失，时不再来，可有人却喜欢磨磨蹭蹭！这

哪里像是一个赴国就任的人呢！"

姜太公吓了一跳："嗯？这人好像是在说我嘛！"再一琢磨，对呀，自己这是去治理国家，领导黎民百姓的，怎么能这么无精打采，这么磨磨蹭蹭呢！

半夜三更的，他把随从们叫起来："上路上路，马上出发，奔赴齐国！"当时距离营丘已经不远了，一行人快马加鞭，天将要亮的时候，就到了封地。

巧得很，正好当地莱国的部队，前来攻打齐国，要争夺营丘，被姜太公打败了。

如果姜太公来迟一步，恐怕营丘就是别人的了。

长话短说，姜太公打仗是把好手，治理国家也不含糊。在他的治理之下，齐国的国势蒸蒸日上，一派繁荣景象。周成王继位之后，宣布"东到大海、西到黄河、南到穆陵关、北到无棣（地名）"的范围之内，如果有人反叛、不服，齐国都可以代替周天子进行征讨。齐国由此成为大国，地位大大提升。

画外音：姜太公在历史上的地位十分重要。他不仅对周朝的统治做出了很大贡献，而且建立了齐国，在道家思想、阴阳学、兵法谋略方面，也有很大贡献。

当然，很多以他名字出的书，比如《太公兵法》等，大多是后人根据他的思想进行的再创作。在姜太公那个年代，留下点文字、篇章都十分困难，更何况是图书呢？

【原著精摘】

居二年，纣杀王子比干，囚箕子。武王将伐纣，卜，龟兆不吉，风雨暴至。群公尽惧，唯太公强①之，劝武王，武王于是遂行。十一年正月甲子，誓于牧野②，伐商纣。纣师败绩。纣反走，登鹿台，遂追斩纣。

【注释】

①强：强迫，强行，勉强别人。

②牧野：古地名，在今河南淇县境内。

【译文】

过了两年，商纣王杀死了王子比干，囚禁了大臣箕子。武王又要征伐商纣，占了一卦，龟兆（龟甲的裂纹）显示不吉利，暴风雨又突然而至。群臣恐惧，只有太公坚持劝勉武王进军，武王于是出兵。十一年正月甲子日，武王在牧野誓师，进攻商纣。商军队大败。商纣往回逃跑，登上鹿台，被追兵杀死。

霸业初成：九合诸侯齐桓公

带着问题读《史记》

齐桓公继位之前，差点被管仲杀死，为什么后来还重用管仲呢？

不成器的哥哥

齐桓公有一个很萌的名字——小白。

加上姓氏，你可以叫他吕小白；史料中经常称他为"公子小白"。

公子，就是国君的太子之外的儿子。既然叫他"公子"，显然他就不是太子，正常情况下，是不会成为国君的。

他最终成为国君，是出现了"异常"。

这个"异常"，就是他很不成器的异母哥哥——齐襄公。

齐襄公的混账事儿，一说一箩筐。

他和自己的堂兄弟公孙无知，一直有矛盾；矛盾的根源却不怨他，怪就怪他的老爹齐釐公（釐音 lí，即齐僖公）。

齐釐公和自己的亲弟弟感情比较深，很喜欢弟弟的儿子、

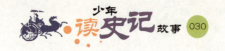

自己的侄子公孙无知。喜欢不是坏事，坏就坏在，他居然让公孙无知的礼制、俸禄，按太子的规格来！

这就坏了规矩。

坏了规矩，早晚会出问题。

他一死，问题来了。齐襄公继位后，马上把公孙无知的待遇免除了。本来这些待遇就是"超常规"的，现在给你免掉，也算正常。可俗话说"钱往外借容易，要回来就成了仇家"，公孙无知由此怀恨在心，意图谋反。

偏偏齐襄公还很"配合"，到处招惹事端，一次次给公孙无知创造机会。

最著名的事件，是他因为个人感情纠葛，居然杀死了鲁国国君——鲁桓公。这在当时，可是轰动一时的大事件。如此昏庸无道，齐国内乱，已是必然。

他的言而无信，加速了自己的灭亡。

继位第十二年，他派连称、管至父镇守葵丘（地名），并且约定：瓜熟时前往，明年瓜熟的时候，派人接替你们！

看来那地方比较苦。两个人到了葵丘，熬了一年，也没人来替换。有人去找齐襄公，希望能让他们回来，齐襄公也不允许。两人很生气，秘密联络齐襄公后宫的一个妃子以及公孙无知，决定造反。

这年冬天，公孙无知、连称、管至父等人，趁齐襄公外出打猎，将其杀死，无知自立为齐国国君。

很遗憾，公孙无知的位子还没坐热乎，就被人杀死了。

国君的位子空了出来，于是乎，一场历史上有名的"公子越野赛"开始了。

◎ 想当国君，必须跑得快！

齐釐公有三个儿子，一个是齐襄公，一个是公子纠，一个是公子小白。

这两个公子，也有自己的幕僚。辅佐公子纠的，有管仲、召忽；辅佐公子小白的，是鲍叔牙。

哥哥太不成器，居然把鲁桓公莫名其妙地给弄死了，这么胡搞下去，齐国不乱才怪！万一有什么战争、政变之类的，弄不好会连累自己。两个公子和幕僚一商量，干脆，跑吧。

兄弟俩不约而同，都跑了——公子纠的母亲是鲁国人，所以跑到了鲁国；公子小白则跑到了莒。

小白和齐国国内大臣高傒（xī）等人关系很好，齐国内乱，公孙无知被人杀死之后，高傒等迅速把消息传递给公子小白，让他回来继位。

小白不敢耽搁，立马就往都城临淄赶。

他马不停蹄拼命跑，公子纠也没闲着。鲁国国君得到消息："什么，齐国国君（公孙无知）死了？好啊，赶快把公子纠送过去当国君！"

一旦公子纠当了国君，鲁国可就霸气了。毕竟你齐国国君是

我拥立起来的，多年都是受欺负的小媳妇，这回总算熬成婆了！

但他们很清楚，公子小白一定不会放过这个千载难逢的好机会，也会往临淄赶。

谁快，谁就是王者！

竞赛开始了。

然而，鲁国作弊了。因为鲁国再弱，也比一个小小的莒地强大。他们兵分两路，一路是公子纠，带兵赶赴临淄；一路由管仲率领，直接往东北方向进发，截击小白。

搞定比赛，有两种方式：第一是我赢，第二是你退出。政治不讲规则，谁赢了谁是大爷。

管仲带人半路堵截，果然遇到了小白。管仲跟小白没什么仇恨，但俗话说"各为其主"，为了自己的主子，对不住了！瞄准，射击！管仲一箭，又准又狠，正中公子小白腹部。小白惨叫着倒了下去。

管仲大喜，认为小白已死，连忙派人快马加鞭，向公子纠道喜。

公子纠很高兴。妥了！对手没了，自己稳拿第一，慢慢走吧！

几天之后，他慢吞吞地接近了目的地。然而，迎接他的是刀剑：齐国军队已经列阵待敌！

公子纠这才知道，小白根本没死！他被管仲射中了衣带上的一个钩子，灵机一动，装死骗过管仲，然后快马飞奔，到了临淄，继承了国君之位！

继位无望，往回走，也回不去了！齐国部队堵住了他们的后路！

惨了。

齐桓公送信给鲁国国君，说："公子纠是我的兄弟，杀他，我不忍心，你们把他杀掉吧！召忽和管仲，和我有不共戴天之仇，必须交回来，我要亲自杀掉！"

这一吓唬，还真管事儿，公子纠被杀，召忽也自杀了。另一个辅佐公子纠，险些射死齐桓公的管仲，却"苟且偷生"，没陪主子一块儿死。

就这样死，不值。

而且，管仲知道，就算自己差点杀死齐桓公，齐桓公也不会杀了自己，因为有鲍叔牙在。

他和鲍叔牙交情很深。

事实上，差点被一箭射死的齐桓公，对管仲十分怨恨。可鲍叔牙对他说："如果你只想治理好齐国，有我和高傒，就足够了；如果你想要成就霸业，非要管仲不可！"

齐桓公最终想通了：事业为重！于是，他让鲁国交出管仲，表面上说想杀掉他，目的其实是想重用管仲。

就这样，管仲从鲁国到齐国的这一路，如同从地狱奔向天堂：前半段（鲁境），他坐在囚车之内，被人押送；后半段（齐境），他斋戒沐浴，被人高接远送，风光得不行。

一代名相管仲，辅佐齐桓公，开始了辉煌的霸业之旅。

◉ 晚节不保

齐桓公是一个有能力的人，品性等各个方面，也还说得过去。这从他能够容忍甚至重用"仇敌"管仲，就看得出来。

在管仲的辅佐下，他"九合诸侯"，成了春秋五霸之首。

但是，在国君的位子上，一当当了四十多年，而且成就辉煌，要想让他保持谦虚谨慎、不骄不躁，几乎是不可能的。隐患其实早就埋下了，然而爆发，是在管仲和鲍叔牙相继去世之后。

齐桓公四十一年，管仲病重。

病榻之前，两人有过一次对话，讨论谁可以继承管仲的位子。齐桓公的眼光，由此可见一斑——不是一般的差。

"易牙怎么样？"齐桓公问。

"易牙这个人，为了讨好国君您，不惜杀掉自己的儿子，这样的人怎么可以重用？"管仲说。

"那么，开方呢？"

"开方为了当官，父母去世都不回去，违背了人之常情。这样的人，很难亲近百姓。"

"竖刁呢？他怎么样？"

"竖刁是个宦官，为了接近国君，不惜自残身体。"管仲回答说，"通过自残来讨好国君，这样的人，怎么会爱护他人呢？"

齐桓公说的这三个人，都是齐国历史上有名的奸臣。他们整天阿谀奉承，缺乏治国能力，却很讨国君的欢心。

自己病体堪忧，国君提供的人选，却是这三个人。管仲大概是满怀着遗憾和愤懑离世的。

然而，齐桓公并没有听取管仲的忠告，管仲死后，亲信易牙、开方、竖刁三人专权，导致政局混乱。

更严重的问题在于，齐桓公不仅没给管仲选好接班人，也没给自己定好接班人！在太子的选择上，他连出昏招，导致儿子们陷入"太子争夺战"，个个虎视眈眈、互不相让。

齐桓公死后，儿子们你争我抢，居然有五个儿子先后当上了国君。这可不是正常的"兄终弟及"，而是血腥的杀戮。

齐桓公，堂堂的春秋五霸之首，一生辉煌荣耀，死后却连个收尸的都没有，长达六十七天没有下葬。

因为，这时候他的几个儿子，正在忙于争夺国君之位，陷入了一片混战。

齐国，也从堂堂的霸主之国，迅速陷入昏暗和动荡之中。

画外音： 奸臣让国君舒服，因为他光拣好听的说，光做国君喜欢的事儿；忠臣让国君不舒服，因为他首先要考虑江山社稷、黎民百姓，而百姓、国家的利益，经常会和国君的享乐作风产生冲突。

对国君来说，忠臣永远是不讨人喜欢的。所以，一个国君要想成为一代明君，光靠聪明还不行，还要有度量，能容忍忠臣的劝谏。齐桓公的前半生还算不错，能容忍、重用管仲；管仲一死，他就没了羁绊，落了个"晚节不保"的结局。

【原著精摘】

桓公病，五公子各树党争立。及桓公卒，遂相攻，以故宫中空，莫敢棺①。桓公尸在床上六十七日，尸虫出于户。十二月乙亥，无诡立，乃棺赴。

【注释】

①宫中空，莫敢棺：宫中无主，无人敢收殓桓公。

【译文】

桓公生病的时候，五位公子各自树立党羽，争当太子。桓公去世后，他们开始互相攻打，导致宫中无主，也没人敢去收殓桓公的尸体。桓公的尸体停在床上，长达六十七天，尸体生的蛆虫都爬出门外。十二月八日，公子无诡继位，才把棺材抬进宫中。

公私之间：国君死相太难看

带着问题读《史记》

齐国分成两个阶段，第一个阶段是姜太公缔造的吕氏齐国，第二个阶段是田氏齐国——姓吕的国君，被姓田的取代了。试着分析一下：吕氏为什么被田氏取代？

◎ 都是母亲惹的祸

桓公之后，齐国的政局，一塌糊涂。他的五个儿子相互混战，直到最后一个继位的齐惠公，才稳定下来。齐惠公去世后，儿子继位，这就是齐顷公。

从齐桓公去世，到田氏取代吕氏成为齐国国君，长达两百年的时间内，唯一还有点"正能量"的国君，数来数去，也只有齐顷公了。

可惜，齐顷公贪上了一个惹事的母亲，给了他一个深刻的教训。

有一年，晋国大臣郤（xì）克出使齐国，齐顷公亲自接见。不料，原本普通的一次外交活动，却出了岔子。

郤克身体有残疾。齐顷公的母亲躲在帷幔中，观看这次外交活动，看到郤克的样子，忍不住笑出声来。

郤克当时脸上就挂不住了，一个人身体有残疾，最怕别人嘲笑他的缺陷。他愤怒地发誓："此仇不报，决不再过黄河！"

一回到晋国，他就向晋国国君提出攻打齐国。因为个人恩怨发动战争，有点不太地道，国君没同意。郤克憋了一肚子火，找个机会，杀了几名齐国使者解恨。

人家嘲笑你，你杀了人家的使者，一报还一报，按说，事情也该到此为止了。可这个郤克，对齐顷公的仇和怨，却一直浓得化不开，两人差点闹得鱼死网破、玉石俱焚，教训十分深刻。

几年之后，齐国攻打鲁国、卫国，两国连忙向晋国求救。这两个国家琢磨透了晋国人的心理，不找别人，就找郤克。

报仇的机会来了！郤克带领晋国部队，攻打齐国。

这回可是有仇的报仇，有冤的报冤了，晋军主帅是郤克，齐军主帅，正是齐顷公。

郤克把对齐顷公母亲的怨恨，都加在了齐顷公身上，恨不得杀了他才解恨。可是，刀枪无眼，你仇恨再大，刀砍在身上，也是会疼的。

战斗开始不久，一支利箭射中了郤克。大仇未报，却被射中，郤克很不幸；更不幸的是，他忽然发觉：人只要一肉疼，就把仇恨给忘了。

血流到了鞋子上，疼痛难忍。报仇雪恨的豪情壮志顿时被疼痛赶跑了，他决定退回营寨。

你可是主帅啊！主帅的战车一退，晋军必败无疑。

这时候的郤克，连他的"司机"都不如——当时作战，大多用战车，有人专门驾车，有人负责防御、作战，驾车的叫车御，相当于司机。

郤克是领导，是主帅，司机是小兵；在这关键时刻，小兵居然开始教训主帅：

"将军！你怎么能这样！你一撤退，大军不就垮了吗？你才受了一处伤，就受不了了，你看看我，刚上阵，我就受了两处伤，可我忍着，不敢说疼，怕影响士气；你作为主帅，如果怕疼，岂不是动摇军心？您也忍忍吧！"

郤克被说得哑口无言，战车又掉转车头，重新杀回了战场。晋军再度勇猛冲锋，齐军扛不住了。

战争也好，比赛也罢，事情往往就是这样：当你觉得自己快撑不住的时候，敌人往往也撑不住了；谁能最后坚持五分钟，谁就是赢家。

身先士卒的齐顷公遭遇了人生中最惊险的一幕。

齐军大败，逃跑途中，卫士丑父对齐顷公说："形势不妙，您是国君，千万不能被俘虏！不如咱俩交换服装，您冒充卫士，我冒充您，以免出现危险。"顷公答应，两人换了位置。

没过多久，齐顷公的战车被树枝挂住，动弹不得。晋军小将韩厥追了过来，一看是齐国国君的战车，大喜之余，没忘了戏弄一下齐顷公，做出一副拜见国君的姿态，匍匐在地，说道：

"我们的君主派臣来解救鲁国、卫国！"

装扮成国君的丑父，心中暗喜，估计在想："戏弄就戏弄呗，反正戏弄的是国君，又不是我；戏弄、侮辱又不能当饭吃，俺可不是你们的主帅郤克，别人嘲笑一下就不共戴天。总而言之，侮辱一顿，比上来就动刀子强！"

既然你韩厥通过"演戏"来侮辱齐顷公，那我就配合一下，也演一出戏，正好放走齐顷公！想到这里，丑父故意端起架子，模仿国君，对扮成卫士的齐顷公说道：

"寡人口渴，你去给我找点水来喝！"

齐顷公连忙答应，下车"找水"去了；这一去，自然是"有去无回"，他成功找到了自己的大部队。

韩厥就这样让"煮熟的鸭子"飞了。

丑父绝对是个人才。他不仅成功拯救了齐顷公，也用自己的聪明机智救了自己。

被晋军俘虏之后，郤克十分生气，想要杀掉丑父。

丑父说："一个人，代替国君而牺牲，如果因此却被杀害，以后还有谁敢效忠国君呢？"

这句话，把郤克说呆了。这哪里像一个小小卫兵说的话啊？分明是一个外交家！

郤克起了怜悯之心，把他放了。估计，经过了和齐顷公的这场大战，自己受伤，齐顷公差点被俘，算是两败俱伤，他内心的仇怨，也消减了许多吧！

齐顷公更是教训深刻。他主动请求，希望送给晋军许多宝物来谢罪。郤克还是不同意，非要杀了那个嘲笑自己的老太太。

齐顷公很无奈地派人捎话给郤克：

"那个老太太，固然做得不对，可她是我的母亲啊！齐国国君的母亲，就相当于晋国国君的母亲，将军想要怎么处置她呢？而且晋军这次进攻，起初兴起的是正义之师（援助鲁、卫），却要以暴行来结束（杀掉齐国国君的母亲），这难道可以吗？"

郤克此次出征，其实有很重的"公报私仇"痕迹，名义上是援助鲁、卫，目的却是报私仇。齐顷公很懂心理学，给他戴了顶高帽子，不提他为报私仇而攻打齐国的事儿，却说成是"援助鲁、卫的正义之师"，让郤克内心十分舒坦。

自己的道德地位被架高了，几乎成了一个圣洁的人。在这种状态之下，他也感觉到，如果再杀那个老太太，会前功尽弃，本来歪打正着的"正义形象"就会灰飞烟灭。于是，他义正词严地做出了十分正义的表态："我们可以退兵，但你必须把侵占鲁国、卫国的土地，还给他们！"

这一仗，因私心而起，为"公心"而结束，出发点不怎么好，结局还算美好。

郤克，成功地解除了心中的仇怨；齐顷公也得到了一个深刻的教训：侵略这种事情，不好玩；战争这东西，太吓人了！

还是和平好。后来，他主动前往晋国朝拜，以示友好和顺服。

从晋国回来，齐顷公仿佛大彻大悟，做了一系列令百姓开心

的好事。他下令开放自己的御花园和养野兽的园子,让它们成为农田;还减轻赋税,亲自察访民情,了解百姓的疾苦,把国库中的钱财、仓库里的粮食拿出来接济百姓。

这几年,齐国百姓生活安定,政局稳定,也没发生战争。

然而,齐顷公去世,儿子齐灵公继位之后,政局又开始陷入了混乱。此后最著名的乱局,是在齐庄公、齐景公这兄弟俩统治时期。

画外音:"郤克受辱"事件虽然结局还算不错,但郤克的度量,的确令人担忧。

人生在世,被人笑话几句总是难免的;过去就过去了,该忘记就忘记。忘不了的结果,往往就是两败俱伤。

这样的国君,这样的死法

晏婴,也就是晏子,是齐国历史上有名的忠臣。

可是,有一个国君死了,他却只是象征性地哭了哭,然后礼节性地跳了跳(古代表示哀悼死人的礼节),就走了。

一点也不悲痛。

没有人谴责晏婴,因为他已经仁至义尽了;换做别人,别说哭,说不定还会去踢两脚。

这个死了的国君,就是齐庄公(后庄公吕光)。

齐国有个大夫,妻子长得很漂亮。大夫死后,大臣崔杼(zhù)又娶该女为妻。

　　齐庄公作为堂堂一国之君，也喜欢上了这个女子，经常到崔杼家里和她约会，甚至把崔杼的帽子拿走送人。

　　崔杼很生气，决定杀死齐庄公。有一天，齐庄公再次到了崔杼家。崔杼早就和齐庄公身边的宦官串通好了，让他只把齐庄公放进来，其他人被拦在了门外。

　　这一招叫"关门打狗"。齐庄公见势不妙，企图爬墙逃跑，崔杼的家丁用箭射中他的腿部，将其杀死。

　　齐庄公被杀的时候，晏婴等人就在门外。晏婴何等聪明？他早就看出事情不妙了。

　　怎么办？救，还是不救？

　　大家伙儿都看着晏婴，就等他一句话了。

　　晏婴沉默了一会儿，面无表情地说：

　　"堂堂一国之君，如果是为了江山社稷而死，臣子们自然义无

反顾,也跟着他赴死;如果是为了私事而送命,有谁会为他赴死呢?"

大门开了。庄公死了。晏婴依照礼节,在他的尸体旁哭了哭,跳了几跳,然后推开门出去。

有人对崔杼说:"一不做二不休,干脆把晏婴也杀死算了!"

崔杼沉默片刻,说:"晏婴深受百姓爱戴,放了他才能得到民心啊!"

两天后,崔杼把齐庄公的异母弟弟立为国君,这就是齐景公。齐景公在位长达五十八年,因为有晏婴等名臣辅佐,在他统治时期,齐国国势还算不错,尤其军事、外交方面,取得了一定的成绩。

齐景公很想恢复齐桓公时代的霸业,但他贪图享乐,修建宫室,玩狗养马,生活奢侈,大大加重了老百姓的负担。

更严重的问题是,他只关心自己的政权,在接班人问题上缺乏远见。

有一次,大臣们劝他立太子,以免影响未来的政局,齐景公却说:"你们还是及时行乐吧!国家还怕将来没有国君吗?"

国家的确不怕没有国君,却再度陷入了混乱;齐景公也和桓公一样,秋天死的,到了冬天还没下葬。

频繁的乱局之下,大臣田氏的势力却一步步崛起。最终,他们取代吕氏,自己做了国君,从此开始了"田齐"时代。

【原著精摘】

三十二年,彗星见。景公坐柏寝,叹曰:"堂堂!谁有此乎？"群臣皆泣，晏子笑，公怒。晏子曰："臣笑群臣谀甚。"景公曰："彗星出东北，当齐分野，寡人以为忧。"晏子曰："君高台深池，赋敛如弗得，刑罚恐弗胜，茀星将出，彗星何惧乎？"公曰："可禳否？"晏子曰："使神可祝而来，亦可禳而去也。百姓苦怨以万数，而君令一人禳之，安能胜众口乎？"是时景公好治宫室，聚狗马，奢侈，厚赋重刑，故晏子以此谏之。

【译文】

景公三十二年，天空出现彗星。景公坐在柏寝台上叹息说："整齐的齐国国土啊，终将落入谁手呢？"群臣听到后，都感慨人生无常，流下泪来，晏子却笑了起来，景公很恼怒。晏子说："我笑群臣阿谀奉承得过分了。"景公说："彗星在东北天空上方出现，正好对着齐国，寡人为此而担忧。"晏子说："您筑高台、凿深池，租税唯恐收得少，刑罚唯恐不严苛，最凶的扫帚星都会出现，还怕什么彗星呢？"景公说："可以用祭祷消除彗星（的灾难）吗？"晏子说："如果祝祷可以使神明降临，那么祈祷也可以让它离去。但百姓中愁苦怨恨的人成千上万，而您让一个人去祈祷，一个人的祈祷怎么能抵得过上万人的咒骂呢？"当时景公大肆修建宫室，养了很多狗、马，奢侈无度，税负重，刑罚酷，所以晏子借慧星之事来劝谏齐景公。

周公的封国：鲁

鲁周公世家

提到鲁国，很多人首先会想到孔子。其实，还有一个厉害的人物，也和鲁国有关，他就是周公。周公创建的礼仪制度，被孔子所推崇，孔子为恢复『周礼』做出了很大努力。

周公吐哺：一代名相美名扬

◆◆◆ 带着问题读《史记》

齐和鲁，大体位置都在今天的山东一带。周公是凭什么预言"鲁国将来会不如齐国强大"的？

◎ 周公吐哺

如果一个人出生在有着光荣传统的家庭，我们会说他"根红苗正"，意思是他的"血缘关系"比较正统。

和齐国相比，鲁国就是一个"根红苗正"的诸侯国。

周武王分封诸侯的时候，把齐分给了姜太公，把鲁分封给了姬旦，也就是周公。

周公是周文王的儿子，周武王的亲弟弟。

和姜太公一样，他也是辅佐周武王伐纣的重要大臣；周武王死后，他忙着帮侄子周成王处理政务（那时候周成王还是个小孩子），不能到封地去，便让他的儿子伯禽去了。

所以，周公是鲁国的第一代封君，但真正到鲁国治理的，则是伯禽。

但周公对鲁国的影响，乃至对整个中国的影响，都是深远的。

周武王去世的时候，儿子周成王还很小。周公担心天下诸侯会因此而反叛，便决定自己代理国政，以维护国家的安定。

即便如此，流言还是来了。他的异母弟弟管叔等人纷纷借机滋事，散布"周公要杀死成王，自己当天子"之类的谣言。虽说身正不怕影子歪，但周公承担的压力也是巨大的。他更加战战兢兢、如履薄冰，不敢有丝毫懈怠。

儿子伯禽去鲁国之前，周公专门把他叫来，叮嘱他说：

"我是文王的儿子、武王的弟弟、成王的叔叔，地位已经不低了；即便如此，我依然忙到洗头时三次捉起头发，吃饭时三次吐出口中的食物（一沐三捉发，一饭三吐哺），先出来接待贤士、处理公务。你到了鲁国，也要千万小心，不可以有丝毫懈怠的情绪，不能有一点骄傲、怠慢的态度啊！"

我们常说的"周公吐哺"的故事，就源自这里。

不久，管叔、蔡叔谋反，周公带兵亲征，平定了叛乱。周成王长大之后，周公把政权还给了他，依然做臣了，处处谨小慎微。

◎ 做好事不留名，关键时刻起作用

人们之所以称颂周公，一方面因为他敢于担当，武王去世之后挺身而出，但并不留恋权力，成王长大后还政；另一方面则是因为他的谦逊、涵养，他是一个做了好事也不愿意张扬的人。

有句话叫"人在做、天在看"，他悄悄做了这些好事，没有张扬，但最终的结果，却很温暖：这些"好事"，经常在关键时刻化解恩怨。

所以，做好事往往不会立马出现好的结果，甚至会被人误解；但这并不等于做好事就没有价值——它的价值，或许还没来得及体现出来。

有一次，周武王病了，周公十分担心。当时医疗条件落后，周公也没什么好办法，只好在祭坛上祷告：

"希望祖宗开开眼，神灵们开恩，放过我哥哥吧！只要你们放过他，我愿意替哥哥去死！"

然后，他把祷告的文字写了下来，放进了金丝缠绕的柜子里，秘密保存。他对一同参加祷告的官员说："柜子不准打开，所有人必须保守秘密，不准讲出去！"

第二天，周武王的病果然好了。

还有一次，发生在周公执政的时候。年少的周成王突然病了，周公把自己的指甲剪了下来，丢到了河里，向神明祷告：

"帝王（周成王）年纪还小，不懂事，如果有什么冒犯了神明的，是我周公的事！"

祷告完，和上次一样，把祷告文写了下来，封在了柜子里，秘而不宣。

画外音：需要提醒一下，这种祷告，不管灵验还是不灵验，在今天看来，都属于迷信活动，不能提倡。

但是，周公那个时代，科技不发达，医学更是处在萌芽阶段，人们对人体和疾病的了解极其有限，很多病一旦得上，只能听天由命。所以，得了病就去祷告，是古人经常做的事情。

周成王当政之后，依然有各种不利于周公的谣言，甚至有人诬告他。

成王年纪小，根基不稳；周公当政多年，根深叶茂，一旦有人说他有谋反之心，周公怕是"跳进黄河也洗不清"了。无奈之下，周公逃到了荒蛮的楚地。

不知道是有人替周公鸣不平，还是出于偶然——总之，周成王看到了被当成档案柜藏起来的那个金丝柜，打开一看，里面是周公为自己祷告的文字，当时就感动得哭了："这么好的叔叔，怎么可能谋反呢？"

于是把周公接了回来，叔侄俩冰释前嫌。

周公去世后，有一年忽然来了狂风暴雨，大树都被连根拔起，群臣十分恐慌。

面对这种异常现象，古人们也没什么好办法，只能祷告、占卜。周成王带领群臣占卜的时候，发现了周公留下的另一个金丝柜，里面的文字记载了当年周武王病重，周公祷告愿替武王而死的事情。

周成王手持刻在竹简上的文字，感动不已，流下泪来："不必占卜了，周公这么好，为王室如此操劳，我却年少无知，让苍天大动风雷！"

为了表彰周公，周成王给了鲁国一个高于其他诸侯国的特殊待遇：用天子的规格祭祀周公。

🏵 简单和烦琐

花开两朵，各表一枝。却说伯禽去了鲁国，三年之后，才回来向周公汇报工作。

周公有点困惑："怎么去了那么久才来汇报？"

伯禽说："我到鲁国之后，着手改变当地的风俗、改革民间的礼制，让人们遇有丧事，三年之后才可以脱掉丧服。因为程序比较多，所以比较慢。"

周公沉默不语，他想起了鲁国的邻居——齐国。当年，姜太公去齐国，仅仅五个月之后，就回来向周公汇报治理成果了。

周公问："才五个月？你怎么治理国家速度这么快呢？"

姜太公回答说："我简化了君臣之间的礼仪，治理国家也顺从民间的风俗习惯，所以比较快。"

想到这些，周公叹了一口气，说："唉，鲁国将来一定要受制于齐国了！一个国家的政事如果不能简单易行，百姓就会不肯亲近；相反，治国之道如果平易近人、简单易行，民心自然就会归顺了！"

后来齐国成了春秋五霸之一，鲁国则始终受到齐国的压制，周公的预言十分准确。

画外音：周公如果当时只是替武王、成王祷告，不留下任何"证据"，他和周成王之间的疙瘩，可能会越闹越大、越缠越多，最终对两个人都没有好处。

好事，既做了，也不张扬，但可留下一点"证据"；总有一天，这些"证据"大白于天下，疙瘩很容易就解开了。这叫"用事实说话"，比语言上的辩解，更加强大。

有人诬告周公的时候，如果周公去找周成王辩解、争论，会说得清吗？

【原著精摘】

周公在丰，病，将没①，日："必葬我成周②，以明吾不敢离成王。"周公既卒，成王亦让，葬周公于毕③，从文王，以明予小子不敢臣周公也。

【注释】

①没：此处指去世。

②成周：地名，周成王的陵寝就建在这里。

③毕：即毕原，在今陕西咸阳北。

【译文】

周公在丰京时，患了重病，眼看就要不行了，留下遗言说："我死后，一定把我埋葬在成周，以表示我不敢离开成王。"周公死后，成王也怀着谦让之心，把周公葬在了毕原，让他伴随着文王，以表示成王不敢以周公为臣。

隐公之死：这个"周公"不好当

带着问题读《史记》

鲁桓公为什么要杀死鲁隐公？国君的位子本来就是鲁桓公的。试着分析一下鲁桓公杀死鲁隐公的心理。

◉ 太子年幼，是个大麻烦

当年，周成王年纪太小，周公不得不挺身而出，代他执政。到了春秋时代，他的后代也遇上了类似的难题。

鲁隐公是鲁惠公的儿子。他很想和祖先周公一样，把这个难题完美解决；可惜，能力的欠缺、经验的缺乏，让他未能成为"周公"，反倒惹来杀身之祸。

事情，还要从他爹给他安排的一桩婚事说起。

鲁隐公名叫息，是鲁惠公的庶长子。因为鲁惠公的正妻没生儿子，所以他这个庶长子的地位，还是比较高的，不少大臣都比较看好他。

毕竟，没有嫡子，就立庶长子为继承人，这是规矩。

可是，糊涂老爹总会制造一些麻烦，而且是要命的麻烦。

息年纪大了，到了该娶妻的年纪；老爹给他张罗了一门婚事，迎娶宋国的女子。

可是，他爹忽然发现这个宋国女子非常漂亮，于是自己娶了，给息另找了一个。

这真叫半路杀出个程咬金，横刀夺爱了。

宋国女子给鲁惠公生了个儿子，名叫允。老来得子，鲁惠公自然开心。这一开心不得了，下了道命令：把宋女升格为夫人！

这道命令后患无穷，因为宋女成为夫人，就意味着她儿子成了嫡子，地位一下子超过庶长子息了！

很快，这个小孩子允，被立为太子。

鲁惠公做出这个错误决定之前，至少要做个判断，看看自己能不能活到太子成年；如果活不到，政局就危险了。

事实上他没有那么长寿，撇下年幼的太子允，没几年就去世了。

去世之后，问题来了：大臣们没有遵照他的遗愿，让年幼的太子继位，而是拥立庶长子息也就是鲁隐公代理国政。

说得很清楚：只是代理，不是继位。

可是，论年龄，鲁隐公和太子允差了整整一代人；这一代理，十多年就过去了。什么时候把权力还给太子允，鲁隐公并没有明确的说法。

鲁隐公十一年，公子挥悄悄地对鲁隐公说："您现在都执政十一年了，干脆正式继位吧！那个太子允，我找人把他杀了就行，只要你将来封我为相！"

鲁隐公一听，大惊失色道："你怎么能这么想？我只是代理执政。父亲去世的时候说得很清楚，是让允来继位的。现在，允眼看已经长大，我已经在外地建造房屋，准备退隐后到那里养老，把政权还给允。"

公子挥听了之后，默默地退下了。然而，回去之后，他越琢磨越不对劲儿：看来鲁隐公是铁了心要把权力还给允，那自己和他这次谈话就危险了。没有不透风的墙，万一将来允知道了这件事，不杀掉自己才怪！

公子挥越想越害怕，干脆一不做二不休，你鲁隐公没有权力欲，就别怪权力无情了！

他跑到允那里，悄悄对允说："姬息说等你长大了，就把国君的位子还给你，你信吗？那都是骗人的！他打算正式继位，要除掉你呢！"

允年纪还小，听公子挥这么一忽悠，当时就蒙了："那该咋办？"

"权力争夺，历来是你死我活。你不要犹豫了，让我去替你杀死隐公吧！"公子挥说。

这年冬天，公子挥趁鲁隐公外出的机会，杀死了鲁隐公，允正式继位，这就是鲁桓公。

画外音：俗话说，当断不断，必受其乱。鲁隐公的麻烦，是老爹鲁惠公制造的，但鲁隐公完全有条件处理好这件事，让自己成为新的"周公"，可是他没能做到。

有人评价鲁隐公的得失，认为如果鲁隐公当时只是作为统领群臣的相，来治理国政，就会避免后来的风险，这样将来把政权还给太子，也更加顺畅。

根本的，或许在于他没有意识到政治斗争的残酷性。他内心的想法或许是好的，但当断不断，没有明确的"还政时间表"，给其他人挑拨关系、搬弄是非，留下了空间。

鲁桓公被人"抱"死了

鲁桓公没留下什么政绩,死得也很突然、很离奇:他被一个大力士给"抱"死了。

鲁桓公娶了齐国女子为妻。和他同时代的国君,正是齐襄公。

在前述内容,我们提到过齐襄公。他是齐桓公的哥哥,他死了之后,公子小白(齐桓公)、公子纠两个人都往临淄跑,争夺国君之位。

公子小白、公子纠为什么最初要逃到别的国家呢? 就是因为这个齐襄公太差劲了,把政局弄得混乱不堪,两人担心再这么待下去,弄不好"城门失火,殃及池鱼",干脆逃跑了。

齐襄公办的混账事儿之一,就是杀死了鲁桓公。

鲁桓公十八年,桓公陪夫人"回娘家",到了齐国。不料,齐襄公却和鲁桓公夫人不明不白的,事情败露,鲁桓公大怒。

齐襄公明明理亏,却来了个"先下手为强"。他找了一个大力士,名叫彭生,如此这般,密语了一番。

齐襄公请鲁桓公来喝酒,把桓公灌得大醉;然后,让彭生把桓公抱上车,好把他送回去。

彭生抱着鲁桓公一用力,桓公的肋骨就都折断了,被杀死在车上。

于是,活生生的一个人出门,回来的却是一具尸体。鲁国人自然不会善罢甘休,可是,齐国强大,鲁国弱小,你能怎么办?

最后,齐襄公找了个替罪羊,杀了彭生。

堂堂齐国国君,竟然暗杀鲁国国君,这样的行径,能得到群臣的拥护才怪。公子纠和公子小白逃亡,也就是很自然的事情了。

　　鲁桓公虽然死了，但他的几个儿子却成了气候。和别人不同，别人都是太子一脉发扬光大，他却是太子之外的三个儿子势力日渐庞大，最后气势完全盖过了国君。

　　因为他们都是桓公的后代，历史上便称之为"三桓"。

【原著精摘】

　　初，惠公適夫人①无子，公贱妾声子生子息。息长，为娶于宋。宋女至而好，惠公夺而自妻②之。生子允，登宋女为夫人，以允为太子。及惠公卒，为允少故，鲁人共令息摄政，不言即位。

【注释】

　　①適夫人：即嫡夫人，正妻。

　　②妻："妻"本为名词，此处用作动词，迎娶之意。

【译文】

　　当初，惠公的原配夫人没有儿子，妾名叫声子的，生了一个儿子，名叫息。息长大后，惠公给他娶了宋国的女子。宋女来到鲁国，惠公看她美丽就夺下作为自己的妻子，生下了儿子允。惠公将宋女升为正妻，把允立为太子。惠公死的时候，因为允太幼小，鲁人共同拥立息代理国政，不称为即位。

三桓之乱：鲁昭公被迫流亡

带着问题读《史记》

鲁昭公流亡，原因真的仅仅是因为一次"斗鸡比赛"吗？

◎ 斗鸡引发的政变

鲁昭公时期，发生了一件奇闻。

两个贵族，因为斗鸡，打起来了。这倒也没什么，贵族也是人，也有七情六欲，免不了也吵吵闹闹的。可是，因为斗鸡，最后把国君都牵扯了进来，从而酿成了一次"名垂青史"的政变，那就不太简单了。

这两个贵族，一个叫季平子，是鲁桓公的后代，三桓之一——季孙氏的掌门人。

另一个叫郈（hòu）昭伯，势力比季孙氏小得多。

两个人起初还算是朋友，物以类聚，人以群分，这两人都喜欢斗鸡。

虽说容易玩物丧志，但只要玩得别过火，倒也说得过去。

可这两人偏偏就过火了。两人为了输赢，互不相让，居然作起弊来。

季平子在斗鸡的翅膀上，悄悄抹上了芥末；郈昭伯更狠，直接给斗鸡安上了金属做的利刃。结果，郈昭伯的"铁甲武士鸡"战胜了季平子的"芥末翅膀鸡"。

郈昭伯胜之不武，但季平子也不是什么好鸟，两人半斤八两，都作弊了。大不了，输了重新来就行，反正是游戏。没想到，季平子却恼羞成怒，居然派兵侵占了郈昭伯的土地！

> **画外音**：古人云，胜败乃兵家常事。打仗尚且如此，何况是斗鸡呢？
>
> 　　做人，要拿得起，放得下。赢了，不骄傲；输了，坦然面对。世界上没有长胜将军，输得起的人，和赢家一样值得敬佩。

一场游戏而已，没想到堂堂季孙氏掌门人，竟然这么"输不起"！郈昭伯很生气，到国君鲁昭公那里告了一状："这鲁国天下，难道还没王法了不成！"

按说，这只是斗鸡引发的纠纷，鲁昭公从中调解一下，让季平子退还土地就行了，犯不着大动干戈。

可是，鲁昭公似乎有点小题大做，居然派兵讨伐季平子，酿成了一场大的政变。

鲁昭公为什么要小题大做呢？

因为，他早就想收拾"三桓"了，只是缺一个合适的借口；

既然借口来了，当然要好好利用一下。

他为什么想收拾"三桓"呢？这还得从"三桓"的来历说起。说起"三桓"的来历，就不得不提到一个我们熟悉的成语：庆父不死，鲁难未已。

◎ 庆父不死，鲁难未已

前面说过，鲁桓公去齐襄公家走亲戚的时候，被大力士彭生给"抱"死了，他的太子继位，这就是鲁庄公。

除了鲁庄公，鲁桓公还有三个儿子（鲁庄公的弟弟），一个就是庆父，他的后代被称为孟孙氏；一个是叔牙，他的后代被称为叔孙氏；一个是季友，他的后代被称为季孙氏。

三个家族都源于鲁桓公，所以叫"三桓"。

三桓和国君之间的纠葛，还要从鲁庄公选择继承人说起。

鲁庄公娶了齐国女子哀姜为正妻，哀姜没生儿子；倒是她一同陪嫁过来的妹妹，给庄公生了个儿子，名叫开。

哀姜的妹妹，只能算妾，她的儿子，自然也不是嫡子。

没有嫡子，鲁庄公的选择空间就大了。他很想选择自己最宠爱女子所生的儿子——斑，作为太子。

立太子可不是件小事情，而且鲁庄公病重，事情不能再拖了，于是庄公把弟弟叔牙找来，和他商量继位人选的问题。

没想到，这个叔牙却是个愣头青，没什么政治经验，说话也直来直去——在险恶的政治斗争中，这可是会要命的。

叔牙毫不犹豫地说："父死子继，兄终弟及，是鲁国的惯例。

您既然没有嫡长子，让庆父接任就行了，何必忧虑？"

伴君如伴虎，叔牙或许只是口无遮拦，说出了心里话，却惹来了杀身之祸。

没有嫡子，不等于没有儿子，鲁庄公怎么可能把君位让给弟弟呢？

鲁庄公不由得愤恨起来："你想得倒美！咱们弟兄四个，我死了庆父继位；庆父死了，你再继位，兄弟轮流做国君，对不对？"

叔牙企图拥立庆父的想法，让庄公很担心，便找来最小的弟弟季友商量。季友很坚决，也很懂鲁庄公的心思，说道："哥哥放心，我就是拼了老命，也要拥立斑继位！"

叔牙留着，终归是一个祸害。鲁庄公去世之前，办了一件大事：迫使叔牙自杀，以绝后患。

庄公死后，季友成功拥立斑继位。

然而，鲁庄公只是除掉了叔牙，更大的隐患——庆父，依然活得好好的。

庆父之外，还有一颗"定时炸弹"，那就是鲁庄公的夫人哀姜。

哀姜和庆父关系密切，又是后宫之主，庆父在鲁国王宫内搞阴谋诡计，就十分方便。

两个人的如意算盘，是让哀姜妹妹生的儿子开，继承国君之位。没想到季友却立了斑，两人大为恼火。

斑很清楚，此时王宫在哀姜和庆父的掌控之下，十分危险，虽然被立为国君，却一直未入宫，而是待在自己的外公党氏家里。

然而，面对权欲熏心的庆父，外公家也不安全！仅仅过了两个月，庆父就找到机会，让人在党氏家中杀死了斑。

这是庆父第一次杀死鲁国国君。

季友听说此事，赶紧逃到了陈国。庆父成功地把公子开立为国君，这就是鲁湣（mǐn）公。

鲁湣公的国君位还没坐热乎，哀姜和庆父又有了新主意。鲁湣公本来就是个傀儡，其实庆父自己想当国君。鲁湣公继位的第二年，庆父又把鲁湣公给暗杀了。

这是庆父第二次谋杀国君。

然而，事情不像庆父想得那么简单——杀死鲁湣公，国君就是他的了；恰恰相反，连续两次弑君作乱，引发众怒，鲁国大臣群情激愤，想要杀死庆父。

身在陈国的季友更是愤怒无比，联系鲁国大臣，请求他们迎立鲁湣公的弟弟（名字叫申）为国君。

偷鸡不成蚀把米，庆父吓坏了，连忙脚底抹油，逃到了莒地。季友于是和申回到鲁国，拥立申为国君，这就是鲁釐（lí）公。

庆父大势已去，遣送回国后，被迫自杀；哀姜流亡，被齐桓公杀死。

这就是"庆父不死，鲁难未已"成语的来历。

◎ "三桓"比国君都厉害了

庆父死了，后代孟孙氏却没受太大的影响；叔牙、季友的

后代叔孙氏、季孙氏，也在发展壮大。

因为这些贵族属于"分封制"，有自己的土地和军队，随着时间的推移，三个家族的势力越来越大；后来，甚至控制了鲁国的三军部队，每个家族分得一军。

大臣势力越来越大，严重威胁到国君的地位，到了鲁昭公时期，形势已经很严峻，鲁昭公于是借斗鸡这一机会，攻打季平子。当时季孙氏势力最大，灭掉他，其他两家就好办了。

没承想，平时不怎么团结的"三桓"，在季孙氏挨打的时候，忽然团结了起来，三家联手，共同对抗鲁昭公。这下，鲁昭公不是对手了，仓皇逃到了齐国，成了流亡国君。

鲁昭公这一去就是好多年，他一直想着杀回来，可惜空有抱负，无力回天，最后客死他乡。

鲁昭公流亡的时候，鲁国朝政由"三桓"把持。鲁昭公去世的消息传来，鲁国人把昭公的弟弟立为国君，这就是鲁定公。

"三桓"控制之下，鲁定公的地位可想而知。此后，"三桓"势力越来越大，远远胜过了国君——直到最后鲁国被楚国灭掉。

画外音：鲁国，是"礼仪之邦"的代表，是传承周朝礼仪制度最好的诸侯国。然而，这样的礼仪之邦，政客们一方面鞠躬作揖，忘不了繁缛的礼节，一方面却又你争我夺，甚至杀人越货。

司马迁的点评，可谓一针见血。(见下文"太史公曰"内容)

【原著精摘】

太史公曰："余闻孔子称曰'甚矣鲁道之衰也！洙泗①之间龂龂②如也'。观庆父及叔牙闵公之际，何其乱也？隐、桓之事③，襄仲杀适立庶，三家北面为臣，亲攻昭公，昭公以奔。至其揖让之礼则从矣，而行事何其戾④也？"

【注释】

①洙泗：洙和泗都是河流的名称，在鲁国境内，此处用来指代鲁国。

②龂龂：音（yín），争辩的样子。

③隐、桓之事：指鲁隐公被其弟杀害一事。隐公被杀后，其弟自立为国君，即鲁桓公。

④戾：乖虐。

【译文】

太史公说："我听说孔子说过，'鲁国的道德风气真是衰败到了极点！洙水、泗水之间人们争辩计较不已'。在湣公时代，看看庆父、叔牙做的事情，真是混乱不堪！从隐公、桓公争夺政权，到襄仲杀嫡子立庶子，以及孟孙、叔孙、季孙三家北面事君的臣子，却攻打昭公，迫使昭公逃亡。鲁国虽一直遵循礼仪揖让的礼节，但实际行事又多么与此相违背啊！"

「禅让」的闹剧：燕

燕召公世家

「风萧萧兮易水寒，壮士一去兮不复还」，这句话发生的场景，就出现在燕国；然而，荆轲刺杀秦王的时候，燕国已经到了灭亡的边缘。一个「根红苗正」的周天子诸侯国，是怎样一步步走向衰落的呢？

燕哙让国：盲目禅让惹祸端

带着问题读《史记》

禅让，是尧舜传下来的美德。燕哙也学着古人搞"禅让"，为什么没有落下美名，反倒成了笑柄呢？

◎ 周公的"监督者"

周公是个圣人，堪称完美。危难时，他敢于担当，不顾非议，代理朝政；和平时，他退居幕后，让侄子周成王走上前台。这正应了范仲淹的那句名言："先天下之忧而忧，后天下之乐而乐。"

可是，圣人未必就是天生的，也可能是后天养成的。周公之所以如此谨小慎微、战战兢兢、如履薄冰，因为身边有无数双眼睛盯着他呢！

一个，就是管叔和蔡叔。这两个人，后来和周公反目成仇，直接造反了。但无论如何，政敌的存在，是周公不得不时刻小心谨慎的重要因素。

另一个，则是召公。召公和管叔、蔡叔不是一类人，人品也好，但他也是周公身边的"监督者"。

他的监督，不是出于私利，而是基于公心。

召公是燕国的创始国君，和周天子同姓，姓姬，名字叫奭（shì）。

周成王时期，召公是三公之一，也是地位非常重要的大臣。因为成王年纪小，周公代为执政，这引起了召公的怀疑："你周公别是有什么不良企图吧？"

周公很苦恼，亲自写了一篇文章，题目叫《君奭》，送给召公看，以表明自己的心迹。

召公看了之后，心里的疙瘩并没有解开："哼！华丽的文字谁不会写？写篇文章，就代表你没有登基称帝的野心了吗？"

周公没有灰心，决定继续向召公解释自己的作为。这一回，他改了改方式，不再"转词儿"了，开始讲故事——

商朝的时候，天子汤（汤是帝王的名字）有了伊尹的辅佐，治理才符合天道，兴旺发达了起来；

太戊（商代帝王）的时候，因为有了伊陟（zhì）、臣扈（hù）这样的大臣，国家治理才变得游刃有余；

祖乙（商代帝王）的时候，有巫贤辅佐；

武丁（商代帝王）的时候，有像甘盘这样的人辅佐；

……………

他们的存在，都是为了殷商啊！

一口气举了这么多例子、讲了这么多故事，周公的意图很明显：我的目的，是辅佐，不是篡位！我是大臣，不做天子！

真是苦口婆心。一席话让两人冰释前嫌，召公高兴了，周公心里也舒坦了。

画外音：周公和召公能够冰释前嫌、齐心协力，给我们一点启示：面对面的沟通，很重要。

周公起初写了《君奭》，这篇文章收进了《尚书·周书》，至今还能看到。其实在文章中，周公也讲了不少例子，企图表明心迹，但效果不好。

后来，周公和召公面对面沟通，亲自把前朝的经验、故事讲给召公听，取得了很好的效果。由此可见，不同的沟通方式，效果有时候完全不同。

◎ 荒唐的"禅让"

召公时期，燕国给人的感觉是美好的；到了战国时代，情况就不那么好了。它的身边有强大的齐国和能征善战的赵国，日子不怎么好过。

也不知道是面对强敌感觉力不从心，还是单纯地想模仿古代圣人，或者是受了他人蛊惑信以为真……总之，战国时代的燕国，发生了一件令人感到不可思议的事情，史称"燕哙让国"。

简而言之，就是堂堂一国之君，居然撂挑子不干了，想模仿尧舜，把王位让给他人！

然而事实不像想象的那么美好，"让国"的结果，是差点亡国。

燕易王去世之后，儿子名叫燕哙，继承了王位。

是的，历史上就称他为燕哙，或者燕王哙。这位王干着干着，忽然不想干了。没办法，人家任性。

当时燕国的宰相，名叫子之，位高权重。但燕哙让位给他，却不是被迫的，而是因为苏代的一句话。

战国时代，"说客"凶猛，他们靠嘴吃饭，整天游说别人。其中，有俩人很有名，这就是苏秦、苏代两兄弟。

苏秦和燕国宰相子之，有姻亲关系，比较熟悉；他的弟弟苏代也和子之有来往。

后来，苏代成了齐国的宰相，受齐宣王派遣，出使燕国。燕哙见了苏代，就问他："齐王这个人怎么样啊？"

苏代略带轻蔑地说："他这个人啊，一定无法称霸。"

嗯？你不觉得奇怪吗？堂堂的齐国宰相，怎么在敌对国面前（燕国和齐国经常打仗，燕易王时期，齐宣王还攻打过燕国），长敌人的志气，灭自己的威风呢？

外交场合，外交官是不会轻易示弱的，即便"齐宣王无法称霸"是客观事实，也不该这么说。

所以，他冒出这么一句，可能另有隐情。

燕王哙也觉得奇怪，就问："为什么呢？"

苏代回答说："因为他不信任他的臣子。"

俗话说，家丑不可外扬，苏代这个外交官，居然主动曝光

齐国的"家丑"。

他的目的，只有一个：为了让燕王更加重视、支持、尊重子之。效果倒也不错，燕王对子之更加信任了。子之也是知恩必报的人，赠给了苏代大量财物，作为报答。

画外音：事情到这里，已经有点不正常了。苏代如果只是为燕国考虑，促进燕国君臣和睦，那子之何必赠他财物？苏代若出于公心，又怎会接受财物？

这个时候，事情已经变成了赤裸裸的利益交换：你给我好处，我在国君面前，利用自己的三寸不烂之舌，给你说好话。

苏代大概也想不到燕王以后居然会"让国"。他的目的，十有八九，是看子之势力大，所以巴结、讨好他，自己顺便捞一把。

苏代几句话就赚了个盆满钵满，一个叫鹿毛寿的大臣看了眼馋，进一步鼓动燕王："您干脆把国家让给宰相子之得了！您让了，子之肯定不敢接受，这样一来，国家还是您的，可是，您却白赚了禅让的美名，多好的事儿啊！"

燕哙也是脑子缺根筋，居然当真把国事托付给了子之。

荒唐还在继续。有人继续鼓动燕哙："你光把国家托付给了子之，可是，官员却没有一个不是太子的臣子，实际上还是太子在管事啊！"还举出当年夏禹"禅让"的例子——当年夏禹名义上是把位子让给了伯益，却又纵容儿子启攻打伯益，所以最后等于没禅让，还是把位子留给了儿子啊！

这部"连续剧"，怎么看都感觉燕王哙的"让国"，更像是被逼的。于是，燕王一不做二不休，把俸禄三百石（石音 dàn，计量单位）以上官员的印信，都收了起来，交给子之。

子之在地位上，此时已经和燕王无异，燕哙直接成了子之的臣子，所有国事都要子之来处理。

燕哙这么做，太子能不生气吗？你不想当国君了，可以让给太子当啊，干吗给外人？别说太子不理解，老百姓也不理解。太子于是和一位将军联手，准备攻打子之，夺回政权。

一时间，燕国内部，人心惶惶。

此时，齐国的君主，是齐湣王。齐国早就对燕国虎视眈眈，这么好的机会，岂能错过？

于是，齐国秘密联系燕国太子，准备联手。子之作为燕国宰相，实力强大，燕太子有齐国这个外援，自然更好，他便同意了。

不料，此举却引发了燕军及百姓的不满（毕竟太子这么做，有"汉奸"的嫌疑），他们在太子攻打子之的时候，反过头来攻打太子，燕国陷入了一片混乱。

燕国一乱，齐国趁机攻入燕国。燕国士兵此时根本无心恋战，甚至城门都不关。齐军长驱直入，燕哙战死，宰相子之也被杀死。

两年后，燕太子继承王位，这就是燕昭王。

莫名其妙的"让国"之举，就得了这么一个国破人亡的结局。

【原著精摘】

燕哙既立，齐人杀苏秦。苏秦之在燕，与其相子之为婚，而苏代与子之交。及苏秦死，而齐宣王复用苏代。燕哙三年，与楚、三晋攻秦，不胜而还。子之相燕，贵重，主断。苏代为齐使于燕，燕王问曰："齐王奚如？"对曰："必不霸。"燕王曰："何也？"对曰："不信其臣。"苏代欲以激燕王以尊子之也。于是燕王大信子之。子之因遗苏代百金，而听其所使。

【译文】

燕哙继位以后，齐国人杀掉了苏秦。苏秦在燕国的时候，和燕国宰相子之结成了儿女亲家，苏秦的弟弟苏代也和子之交往密切。苏秦死后，齐宣王又任用了苏代。燕王哙三年，燕国联合楚国及韩、赵、魏三国攻打秦国，没有取胜就回国了。当时子之是燕国的相，位尊权重，国家大事他一个人说了算。苏代为齐国出使到燕国，燕王问他说："齐王这个人怎么样？"苏代说："肯定不能称霸。"燕王问："为什么呢？"苏代回答说："不信任他的大臣。"苏代想用这些话刺激燕王，使他尊重子之。于是燕王十分信任子之。子之为此送了苏代一百镒黄金，任凭他使用。

最后绝唱：壮士一去不复还

带着问题读《史记》

乐毅能够迅速占领齐国大片领土，却打不下一个小小的即墨城，原因何在？

◎ 知耻而后勇

燕哙让国，可以看作燕国历史上的一个标志性事件。在这个事件之后，燕国值得一提的事情，只有乐毅灭齐和荆轲刺秦了。

燕哙让国的闹剧，让燕国经受了一次惨败。这次惨败，也让燕国人警醒：我们燕国本来就地少、人少，如果内部再不团结，恐怕很难在列强中生存下去！

燕哙之后继任的燕昭王，可以说是知耻而后勇，他励精图治、广揽人才，乐毅、邹衍等贤才，纷纷从外地前往燕国，为燕昭王效力。

燕昭王二十八年，经过二十多年的韬光养晦，燕国变得富足起来。燕昭王任命乐毅为上将军，联合秦、楚、韩、赵、魏，六个国家共同讨伐齐国，以报二十多年前的一箭之仇。

六国军队大败齐国。秦、楚等五国，并无意灭掉齐国，见好就收了；意图复仇的燕军却没有罢手，长驱直入，攻入齐国都城临淄，齐国大片领土都被燕军占领，仅剩即墨等几个地方还在齐国人手里。

乐毅此次攻占齐国，时间长达六年。越往后，越不好打了。驻守即墨的齐国将领，名叫田单，此人足智多谋，非常难对付。乐毅能采取的办法，只能是打持久战，自己有巩固的后方，后勤补给有优势；田单困守一地，缺乏外援，补给困难。这么慢慢耗下去，即墨一城，早晚会是燕军的。

然而，他没有时间了，因为燕昭王去世了。

国君去世，原本对战争不会产生决定性影响，毕竟"将在外君命有所不受"嘛。可问题是，继位的燕惠王，和乐毅有矛盾。

这在和平年代，可能是个小问题；但在战争时期，就成了大问题。猎鹰一般寻找战机的齐将田单，哪会放过这一天赐良机？

于是，离间计悄然上演。在田单等人的秘密布置下，燕惠王周围，开始有各种谣言，比如：

为什么乐毅攻下齐国那么顺利，却打不下即墨一个小城呢？

乐毅去齐国这么久，占了齐国那么多土地，是想在齐国称王啊！

燕惠王本来就对乐毅有看法，这些谣言迅速发挥了作用：燕惠王下令，让将军骑劫代替乐毅，统领燕军。乐毅一看这阵势，吓得也不敢回燕国了，直接逃到了赵国。

乐毅一走，田单没了顾忌。他发挥自己的军事天赋，用火牛阵出奇制胜，只用即墨一城的兵力，大败强大的燕军，骑劫战死。被燕军占领的齐国领土，全部被收复。

◎ 自己"作死"，燕国大势已去

燕国差点灭掉齐国，几乎可以看作燕国国势的一次"回光返照"。秦国的强大已经没人可以阻止，燕惠王之后，燕国又经历了三任国君，便亡国了。

最后一任燕王，名字叫喜。

燕王喜举措失当，加速了燕国的灭亡。这个时候，秦国已经十分强大，是六国毫无疑问的头号敌人。然而，因为燕国并不和秦国接壤，中间有赵国阻挡，燕王居然麻木不仁、看不清形势，昏了头趁火打劫，去攻打赵国。

此前几年，爆发了历史上有名的长平之战。那次战役，赵国士兵四十万人被坑杀，损失惨重，元气大伤，正当年的士兵基本都在这一战中被杀死了。

面对咄咄逼人的秦国，燕国也很担心，决定和赵国结盟，对抗强秦。燕王喜派宰相栗腹到了赵国，花了不少银两，宴请赵王，赵王很高兴，一切很和谐。

事情到这里，情况还算正常。弱弱联手，对抗强秦，一般人都会这么想。偏偏燕王君臣不是一般人，非要"作死"。

宰相栗腹回来之后，神秘兮兮地对燕王说："赵国经历了长平之战，四十万正当年的士兵被坑杀，年轻力壮的基本都死光了，

他们的孩子又没有长大，正是攻打赵国的好机会啊！"

这个宰相，实在让人无语：人前和赵王把酒言欢，人后就加以暗算，这叫"背后捅刀子"；乘人之危，落井下石，这叫不仗义。和这样的人在一起，恐怕背后会嗖嗖起凉风——太阴险。

燕王居然信以为真，找来大臣乐闲商量。乐闲吓了一跳："赵国是个四面作战的国家，老百姓对战争习以为常、十分熟悉，你竟然想和它打？"

燕王说："按兵力，我们现在是 5：1，五个人打一个，还怕打不过它？"

乐闲还是摇头："不能打。"

燕王很生气，把其他大臣找来商量，都说可以打，没问题！

于是出兵攻赵——秦国这时候大概在偷着乐吧！燕国宰相栗腹，倒是很像秦国派来的内奸！

有一个大夫，名叫将渠，这时候也来阻止燕王："大王啊，

我们和赵国关系一直不错，而且缔结了盟约，前两天宰相还和他们把酒言欢，接着就翻脸去攻打人家，这太没天理了，是不会成功的！"

将渠言辞激烈，又拉又拽地恳请不要出兵，燕王气得一脚把他踢开。将渠哭着说："我不是为了自己，而是为了大王啊！"

这样的不义之师，很难得到将士的拥护和支持。赵国虽然长平之战中损失惨重，但名将廉颇还在。廉颇指挥赵军，大败燕军，燕军无奈求和。

好嘛，你现在服软了，当初的威风呢？燕国求和，赵军却不答应了——除非让将渠来讲和！

看来将渠劝阻燕王，赵国人还是十分感激的。另一个劝阻燕王的乐闲，也早就逃到了赵国。

燕王无奈，只好任命将渠为宰相，请他出面调停。赵国这才撤了军。

◎ 风萧萧兮易水寒

赵国和燕国，都灭亡于公元前 222 年；这对难兄难弟，也算是"同归于尽"吧——都被秦国给灭掉了。

都这个时候了，这俩兄弟还在打：先是燕国进攻赵国，被廉颇打败；八年之后，赵国又攻打燕国；此后，燕国又趁赵国受秦国袭扰的时候，多次攻打赵国。

真应了那句成语："鹬蚌相争，渔翁得利。"最高兴的自然就是秦国了。这两个国家如果不是互相攻打，也不会灭亡得那么快。

在秦的逼迫之下，燕王为了表示臣服，把自己的太子送往秦国，作为人质。

燕太子名叫丹。

秦统一天下的野心已经暴露无遗，无论太子丹做不做人质，攻打燕国都已经不可避免。在这种情况下，太子丹逃回了燕国。

然而，此时的燕国，已经无力回天。秦国军队，到达了易水河边，眼看就要祸及燕国了。

无力回天，也要拼死一搏。太子丹没有别的招数可用，最终选择了刺杀秦王。

他谎称要把燕国的一块土地献给秦王，派壮士荆轲向秦王进献地图。荆轲见到秦王之后，展示地图，图穷匕见，拿匕首刺杀秦王，未能成功，反被杀死。

太子丹的最后一搏——也是燕国的最后一搏，宣告失败。

但无论如何，太子丹和荆轲"风萧萧兮易水寒，壮士一去兮不复还"的动人一幕，必将流传千古。它将永远激励弱者不放弃、不抛弃，宁可最后一搏，也决不退缩。

荆轲刺秦后，秦攻燕，太子丹被杀，燕王喜被俘，燕亡。

【原著精摘】

燕昭王于破燕①之后即位，卑身厚币以招贤者。谓郭隗曰："齐因孤之国乱而袭破燕，孤极知燕小力少，不足以报。然诚得贤士以共国，以雪先王之耻，孤之愿也。先生视可者，得身事之。"郭隗曰："王必欲致士，先从隗始。况贤于隗者，岂远千里哉！"于是昭王为隗改筑宫而师事之。乐毅自魏往，邹衍自齐往，剧辛自赵往，士争趋燕。燕王吊死问孤，与百姓同甘苦。

【注释】

①破燕：指燕国被齐国攻破之事。燕昭王是在国家残破的困难局面中即位的。

【译文】

燕昭王在燕国被攻破之后继位，他待人谦虚恭敬，用丰厚的待遇来招揽贤才。他对大臣郭隗说："齐国趁我国内乱，攻破了我国。我深知燕国国家小、力量弱，不足以报仇。不过，如果能够聘用贤士一起来治理国家，就能雪洗先王的耻辱，这是我的愿望啊！先生看到有合适的人才，我会亲自侍奉他的。"郭隗说："如果大王一定要招纳贤士，那就先从我郭隗开始吧。何况那些比我更贤能的人，难道还会因为千里为远就不来了吗（意思是只要待遇丰厚，距离再远，贤才也会到来）？"昭王于是给郭隗改建了宫室，像对待老师那样服侍他。于是乐毅从魏国来投奔，邹衍从齐国来了，剧辛从赵国来了，贤士们争着投奔燕国。燕王祭奠死者，慰问孤儿，和老百姓同甘共苦。

商遗民的封国：宋

宋微子世家

农耕文明强调「顺应天时」，很少滥杀。崇尚农耕的周，灭商之后，没有大肆杀戮，而是给殷商遗民分封了一块领地，这就是宋国。有趣的是，殷商人似乎对周的宽容有了深刻感悟，和其他诸侯国相比，宋国更重视仁义。

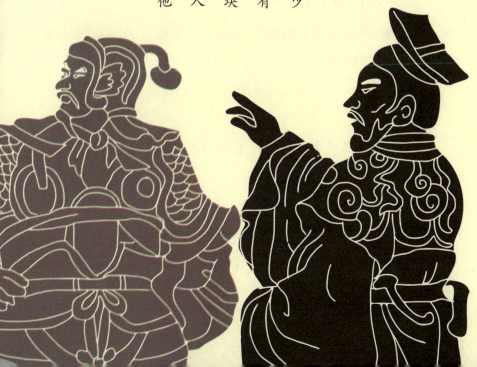

殷商后人：仁义反倒酿苦果

宋国的第一代封君微子启，和商纣王是什么关系？周武王为什么要分封"仇人家"的人？

◎ 逃亡的王子

王子，一个很美妙的称呼。然而，如果遇上一个暴虐的君主，这个王子可就不怎么好当了。

宋国的第一位封君，名叫微子启（也称微子），就是这么一位"王子"。

他是商朝天子帝乙的儿子，但生母不是帝乙的正妻，并非嫡子，而是末代天子商纣王的庶兄。

纣王继位以后，荒淫无道，天下怨声载道，微子、箕子、比干等人，纷纷劝谏，纣王却满不在乎地说："我不是天子吗？既然是天子，我就有天命，周西伯（周文王）的国家再强盛，又能把我怎样？"

不听劝倒也罢了，纣王还是个"暴脾气"：谁提意见，老子就整谁！

箕子屡次劝谏，被纣王囚禁了起来。

比干多次劝谏，直言直语，纣王很生气，发狠说："你是给我当圣人来了吗？我听说，圣人的心都有七个窍，我倒要看一看！"

结果，比干被剖腹挖心。

微子也多次劝谏纣王，毫无效果；比干被挖心，更让他心灰意冷。自己只是纣王的臣子，何必和他同归于尽呢？他和几个大臣商量之后，最终还是逃走了。

周武王灭掉商纣之后，微子来到武王的军营，让人把自己的双手绑到背后，跪行到武王面前，恳请武王不要断了商朝的祭祀。武王亲自解开绳索，答应了他。

随后不久，周武王在分封的时候，把商的遗民分封给了商纣王的儿子武庚，并派自己的弟弟管叔、蔡叔去监督他。

周武王去世后，成王年幼，周公执政。这两个派去监督武庚的弟弟，却和武庚联合起来谋反，最终被周公灭掉。

武庚被杀死了，但商朝的遗民，还是让商天子的后裔来治理更好一点。于是，周公选择了微子启，让他代替武庚，治理殷商遗民，国号为宋。

微子启，由此成了宋国的第一任国君。

画外音：商纣王的暴虐、不听劝，和周文王、周武王的宽厚、宽容，形成了鲜明的对比。

一个人有错误不怕，怕的是知错不改；一个人能力有限不怕，怕的是刚愎（bì）自用、不听人劝。

历史上能力一般，但成就了大业的人，并不少见。比如刘邦，论个人能力，他不如萧何、韩信、张良，但成就却远远超出了他们三个，原因很重要的一点，就是知错就改、从谏如流。

🏵 仁义的宋穆公

微子对纣王，多次劝谏无效，这才选择了逃跑。武王灭纣后，又跪见武王，恳求武王为商纣王留下血脉，算是仁至义尽了。

在他的影响之下，宋国有几任国君，行事也十分仁义。然而，这样的"仁义"，在兵荒马乱的时代似乎并不适用，让人顿生"老实人吃亏"之感。

两个因为仁义酿下苦果的人，一个是宋穆公，一个是有名的宋襄公。

先来说宋穆公。

其实国君的位子，本来轮不到宋穆公的。他的哥哥宋宣公在去世之前，明明有太子，却没有让太子继位，而是把国君之位让给了弟弟和（"和"是他的名字）。

这是一个有点奇怪的举动。

如果不想让自己的儿子继位，干吗又要立太子呢？太子就是储君，有了储君，却让别人继位，这不是制造矛盾吗？

在病中，宋宣公这么说："父亲死了，儿子继位（父死子继）；哥哥死了，弟弟继位（兄终弟及），都是祖宗传下来的制度。我决定让位给弟弟和。"

和再三推让，才勉强接受，这就是宋穆公。

别人推让，或许只是客套一下，宋穆公的推让却像是真心的。

宋宣公病中的那句话，也不是全无道理，宋属于商朝遗民，而整个商朝，在帝位继承上，还是"兄终弟及"居多。但到了最后几代，"兄终弟及"逐渐被"父死子继"取代。因为后者的继承关系更简单、更明确，不容易引发家族纷争。

微子开创了宋国之后，起初也是采用了"兄终弟及"的办法，把位子传给了弟弟微仲；其后三次都是"父死子继"，然后又一次"兄终弟及"，但恰恰这次"兄终弟及"引发了政变——宋潜公把君位传给了弟弟宋炀（yáng）公，宋潜公的儿子很生气，杀宋炀公，自立为君。

其后，一直到宋宣公，全是"父死子继"。

宋宣公这时候忽然想起来"恢复祖制"，把君位传给弟弟，如果不是他对太子有看法，就是他的眼光太有限，看不清"兄终弟及"隐藏的巨大风险。

然而，宋穆公是个明白人。他知道，国君的位子本来应该是

太子与夷的，结果却成了自己的，一个处理不慎，很容易造成动荡。所以他在位九年，虽然有儿子，却没有立太子。

去世之前，他找来大臣孔父嘉（孔子的六世祖）商量："当年，宋宣公把君位让给了我，对我有恩，我应该把君位再还给宋宣公当年的太子与夷。"

孔父嘉说："可是，大家都希望立您的儿子——公子冯啊（'冯'是他的名字）！"

宋穆公斩钉截铁地说："不能立公子冯！"

其实，他用心良苦：一旦立了公子冯，与夷和他必然会起纷争！他一狠心，干脆让公子冯去了郑国，远离了宋国。

这样一来，穆公去世后，他的侄子、宋宣公的儿子与夷继位，这就是宋殇公。

虽然宋穆公千般小心、万分谨慎，隐患还是爆发了。因为，无论与夷和公子冯谁继位，另一个人心里都会有疙瘩——甚至仇恨，而这种心理，很容易被嗅觉灵敏的政客利用。

🌀 夺妻事件

宋殇公刚继位，就有人开始挑拨了。卫国有个公子，杀了国君继位，难免感觉自己道义上站不住脚，于是拼命拉他人蹚浑水。

拉谁下水呢？看了看周边，最合适的就是宋国了。

对了，就是利用前面提到的这个漏洞：与夷和公子冯，无论谁继位，另一个心里都会不舒服。苍蝇不叮没缝的蛋！

卫国派人挑拨宋殇公："宋穆公把位子传给了你，他儿子——公子冯怎么会甘心呢？公子冯在郑国，将来一定会作乱的，要不咱们俩联手，攻打郑国，怎么样？"

宋殇公一时糊涂，同意了，于是和卫国联合攻打郑国。

这就相当不地道了，别说公子冯生气，其他诸侯国也生气。

我爹这么仗义，把君位让给了你，我还没跟你抢呢，你倒先来打我！

郑国也相当不高兴：你们堂兄弟的恩怨，你俩单挑、决斗，杀个你死我活，没人管你，干吗挑起国和国之间的战争，让老百姓受苦？

宋国、卫国联手，一直打到郑国国都，打不进去，然后退兵。郑国憋着一口恶气没地方出，第二年发兵攻打宋国，报去年的仇。

不仅如此，在国际上"臭了名声"的宋国，也遭到其他诸侯国的频频攻打——就好比一个坏孩子，遭到了群殴。

就在宋国焦头烂额的时候，发生了一件"私事"，虽然这件事和公事无关，却最终影响了宋国政坛的走向，导致国君换人。

宋殇公九年，大臣孔父嘉的妻子有事外出，很不幸地遇到了一个人。

这次相遇，导致后来一系列血腥变局。

她遇到的这个人，是宋国一个大臣，名叫华督。

孔妻的美貌，让华督十分震撼，他因此动了夺人妻子的念头，决心杀死孔父嘉。为了让自己的攻杀行为显得师出有名，他暗中

派人在都城大造舆论：

"宋殇公继位到现在，不过十年，却发生了十一次战争，民不聊生，国家苦不堪言！这怪谁呢？都是孔父嘉惹的祸！如果没有他，就没有这么多战争，必须杀掉他，为民除害！"

随后，华督带兵攻打孔父嘉，将其杀死，趁机占有了他的妻子。

如此胡作非为、攻杀大臣，宋殇公十分愤怒。华督听说之后，干脆，一不做、二不休，把宋殇公也给杀死了。

公子冯渔翁得利，被华督等人从郑国迎了回来，成为国君，这就是宋庄公。

宋穆公铁了心想把君位还给哥哥，让侄子继位，到底还是没还回去，君位又回到了自己儿子手中。而且，也没能免掉纷争，白白葬送了侄子的性命。

政治斗争，往往容不下厚道人。

他是一个例子，另一个例子则是一度企图称霸的宋襄公。

画外音：并不是说，厚道就不好。人，还是要学会舍得，有舍才有得。

但要记住，当规则和厚道冲突的时候，优先考虑规则。前代历史已经证明了"父死子继"是更佳的规则，这时候，放弃这个规则，选择厚道，就不太明智了，效果也适得其反。

【原著精摘】

穆公九年，病，召大司马孔父谓曰："先君宣公舍太子与夷而立我，我不敢忘。我死，必立与夷也。"孔父曰："群臣皆愿立公子冯。"穆公曰："毋①立冯，吾不可以负宣公。"于是穆公使冯出居于郑。八月庚辰，穆公卒，兄宣公子与夷立，是为殇公。君子闻之，曰："宋宣公可谓知人矣，立其弟以成义，然卒其子复享之。"

【注释】

①毋：不要。

【译文】

穆公九年，宋穆公病重，于是召见大司马孔父嘉说："先君宣公舍弃太子与夷，却把君位让给了我，我一辈子都不敢忘。我死后，一定要把与夷立为国君。"孔父嘉说："可是，大臣们都希望立公子冯啊！"穆公说："不要立冯！我绝不能对不起宣公。"于是穆公命令公子冯离开宋国，到郑国居住。八月庚辰日，穆公去世，哥哥宣公的儿子与夷继位，这就是宋殇公。世间的君子听到此事后说："宋宣公可以说是知人善任了，立自己的弟弟为国君，保全了道义，而自己的儿子最终还是享有了国家。"

襄公图霸：过分仁义成笑柄

带着问题读《史记》

宋襄公和人打仗，不愿意使用阴谋诡计，你对此赞同吗？为什么？

◎ 谦让的太子

宋国，是一个很有个性的诸侯国。无论好的还是坏的，它的国君似乎都在刻意模仿殷商以来的祖辈们，而且，有点不可思议地让许多历史重演了。

比如，殷商的开创者商汤，是个贤明的人，宋的开创者微子启也很有贤德，以至不少宋代国君都以他们为榜样，做了一些至少表面看上去比较仁义的事情。

然而相反的例子也有。商的末代天子商纣王，十分暴虐，最终这种暴虐葬送了商朝；宋的末代国君，也很暴虐，甚至被认为是商纣王的翻版，导致宋被其他诸侯国瓜分。

无论好的坏的，宋代国君都能在前朝找到自己的影子，亦步亦趋。

宋襄公是一个追求仁义的人——至少表面如此——到了有点教条的程度。

他的名字，叫作兹甫，父亲是宋桓公。

宋桓公有两个儿子，一大一小，兹甫是小儿子，却是太子，因为他的母亲是宋桓公的正妻。

自己小，却是太子；哥哥比自己年长，却因为母亲的关系，不能继位。兹甫念及兄弟情义，在父亲桓公病重之时，郑重提出：让哥哥作为储君，将来继承国君之位，这个太子，让给哥哥吧！

面对如此懂事的孩子，宋桓公想必十分感动。因为，他这一代国君，兄弟之争、手足相残，教训太深刻了。

当年的情景，一幕一幕，浮现在眼前。

国君之位，原本轮不到宋桓公。流血政变，改变了这一切。

前面说过，宋殇公被杀后，宋穆公的儿子冯被拥立继位，这就是宋庄公。宋庄公死后，儿子宋湣公继位。

没想到，宋殇公时代的动荡乱局，在宋湣公时代重演。其中一个关键人物，名叫南宫万。

南宫万是宋湣公的大臣，力大无穷，好勇斗狠。有一年秋天，宋湣公和南宫万一起外出打猎，因下棋争子，宋湣公很生气，骂道："南宫万，我一直很敬重你，可你今天的作为，却像极了一名鲁国军中的俘虏！"

宋湣公这么说，是有缘故的。就在一年之前，宋国和鲁国交战，

南宫万被鲁国军队生擒活捉，在宋国的再三请求之下，鲁国人才把南宫万放了回来。

宋湣公说得固然有些道理，但却戳到了南宫万的疮疤；被人当面揭丑的南宫万，由此怀恨在心。

不久，宋湣公就为自己出言不慎付出了代价：南宫万设下陷阱，将其杀死。随后，南宫万先后杀死两个大臣，包括那个夺了孔父嘉妻子、大权在握的华督——这大概也算是报应吧。

南宫万把宋湣公的弟弟公子游立为国君。

然而，激起了众怒的南宫万，权势没能持久，宋国其他公子、大臣联手杀死了南宫万的弟弟南宫牛以及新国君，南宫万逃到了陈国。

公子御说继位，这就是宋桓公。

宋桓公的头等大事，就是除掉南宫万这个祸根。不过，这个祸根十分凶猛，不好对付，只好智取。宋国贿赂陈国，让陈国人帮忙，陈国找了美女陪南宫万喝酒，将其灌醉，然后用犀牛皮把他紧紧包裹了起来，押送到宋国。宋国人直接把南宫万剁成了肉酱。

所以从宋宣公开始，宋国这七任国君（含公子游），可以说是"起于谦让，终于争夺"：

宋宣公、宋穆公（兄弟），是让；

宋殇公、宋庄公（堂兄弟），是夺；

宋湣公、公子游、宋桓公（兄弟），是夺。

国君换了七任，却只发生在三代人身上（宋宣公、宋穆公是宋潜公等人的爷爷辈），可见争夺之频繁。

太子兹甫（宋襄公）是吸取了祖辈们的教训，不想再有纷争，还是仅仅做做样子，博得父亲的欢心？如今已经不得而知了。

但无论是真心还是假意，他这种姿态，都博得了父亲宋桓公的欢心。

宋桓公对太子十分赞许，但始终没有同意，不准他让位。这么做也是对的，因为规矩本就如此：有嫡子就立嫡子，无嫡子才立庶长子，这是祖辈传下来的规矩。坏了规矩，就容易出问题。

宋襄公起初打算让位的这个哥哥，名叫目夷（又名子鱼）。从后来两人的表现来看，目夷的确在很多地方强于宋襄公。

宋襄公的问题，在于眼高手低，不切实际，却又盲目追求仁义。

◎ 宋襄公图霸

关于春秋五霸，历史上有多种说法，最典型的有两种：

齐桓公、宋襄公、晋文公、秦穆公、楚庄王；

齐桓公、晋文公、楚庄王、吴王阖闾、越王勾践。

宋襄公虽然也在其中，但无疑是最弱的一个。事实上，他根本就没做成霸主，只是主持了两次诸侯盟会而已。对他而言，更准确的说法是"图霸"——图谋做霸主，但并没有真正称霸诸侯。

宋国只是一个小国，楚国、齐国等国家，要比它强大得多。即便如此，宋襄公还是不甘示弱，企图称霸诸侯。

因为，他受了齐桓公的刺激。

齐桓公称霸中原数十年，让执政不久的宋襄公十分羡慕，

他也想和齐桓公一样，建立一番伟业。

　　齐桓公一死，齐国公子争夺继承权，政坛陷入混乱，强大的盟主齐国顿时无暇顾及其他诸侯国。秦在西方，有晋国挡着，无法进入中原；晋国虽然强大，但公子重耳（晋文公）还在流浪之中，国内忙于纷争，无暇东顾；只有南方的楚国算是比较大的威胁，但距离毕竟远一些。

　　分析局势，宋襄公觉得可以：梦想还是要有的，万一实现了呢？

　　何况几大强国都在忙着内乱，宋国反倒局势安定，地理位置上又居于中原核心，为什么不利用这个大好时机，做一回霸主呢？

　　想得很美，做起来就难了。因为一直被视为"蛮夷之地"的楚国，并不认为这么好的争霸时机，是留给宋国的。

　　宋襄公十二年，宋国主导了一次盟会。会上，宋襄公请求楚国出面邀请各国诸侯，亲自参加下一次盟会。楚国答应了。

　　主持召开盟会，目的就是自己做盟主呗！宋襄公的目的，公子目夷心知肚明，就对他说："宋是小国，却要和大国争抢盟主，是会招惹祸端的！"

　　当年想把太子之位让给哥哥的宋襄公，这回却不听哥哥的了。

　　这一年的秋天，各国诸侯果然应邀前来，参加宋襄公主持的盟会。眼看盟主之梦即将实现，襄公难免沾沾自喜，目夷却叹气道："我说的大祸，恐怕就应验在这上面吧？国君欲望太大，大国怎么会看着顺眼呢？"

　　果不出目夷所料，在这次盟会上，楚国扣押了宋襄公，当年冬天才把他释放。

两国的仇怨，由此结下了。

第二年，宋襄公要讨伐郑国。看来被楚国扣押，还没能让他吸取教训。哥哥目夷无奈地说："大祸就在这里了！"

果然，楚国攻打宋国，以解救郑国。楚和宋，在泓水（河名）对峙。

楚兵下水渡河，准备进攻。目夷见状，连忙向宋襄公建议："敌人兵多，我们兵少，敌强我弱，赶快利用他们尚未登岸的时机，发动攻击！"

这岂不是乘人之危？宋襄公觉得，这违背了自己的道义原则，显得自己不仗义，不听。

楚兵全部上了岸，尚未摆开阵势，目夷又说："趁他们立足未稳，赶快进攻！"

宋襄公还是不听："那太不仗义了吧，要打就等他们摆好了阵势、做好了准备再打，才算君子。"于是，等到楚军摆好阵势，双方才展开进攻。结果，宋军大败，宋襄公的腿也受了伤。

打了败仗，大家都抱怨宋襄公。宋襄公却振振有词："当君子的，不能把敌人困在险要之地，不能攻击不成行列的敌人。"

目夷生气地说："既然如此，你干脆直接做他们的奴仆算了，又何必和他们交战呢？"

第二年夏天，宋襄公在泓水一战中所受的腿伤复发，病重去世。他追求仁义，喜欢当君子，却又争夺和君子、仁义背道而驰的霸主，

是不可能成功的。

历史上的霸主，都是靠实力打拼，靠武力夺来的；而真正追求仁义的君主，是不可能称霸的。

这就是宋襄公的悲剧所在。

◎ 桀宋：宋国的终结者

宋国的最后一任国君，名字叫偃，是个很暴虐的人，一个战争贩子，一个沉溺酒色、无视上天的人。

他做国君十一年，东边攻打齐国，南边攻打楚国，西边攻打魏国，战事连绵，百姓苦不堪言。而且，这个四面树敌的国君，也成了诸侯中的"坏孩子"，很多国家都和他为敌。

他非常骄纵、狂妄，连老天爷都不放在眼里，居然用一个皮囊盛血，用箭射它，称之为"射天"。做这种弱智的游戏也就罢了，他还拿箭来射人——而且射的不是普通人，是劝谏他的大臣。谁敢劝我，就吃我一箭！

这样的人，结果只有一个：自取灭亡。

诸侯给他取了一个外号：桀宋。桀，就是夏桀；桀宋，就是用夏桀来指代宋国国君。夏桀和商纣一样，也是历史上出名的暴君。桀宋既有夏桀的外号，又有商纣的血统，诸侯对他无不愤恨："宋君重蹈他的祖先商纣王的覆辙，不可以不加以诛戮！"

于是，诸侯联合起来，攻打宋国。宋君偃被杀，领土被瓜分。

殷商遗民的国度，就这样淡出了历史。

【原著精摘】

冬十一月，襄公与楚成王战于泓。楚人未济①，目夷曰："彼众我寡，及其未济击之。"公不听。已济未陈②，又曰："可击。"公曰："待其已陈。"陈成，宋人击之。宋师大败，襄公伤股。国人皆怨公。公曰："君子不困人于厄，不鼓不成列。"子鱼曰："兵以胜为功，何常言与！必如公言，即奴事之耳，又何战为？"

【注释】

①未济：未能（全部）渡河。

②未陈：即"未阵"，尚未列阵。

【译文】

冬天十一月，襄公在泓水与楚成王作战。楚军渡河未完时，目夷劝他说："敌人兵多，我们兵少，赶快趁他们渡河尚未登岸时，攻打他们！"襄公不听。等到楚军渡完河，还未排列成阵势时，目夷又建议："可以攻打了。"襄公却说："等他们摆好阵势再打。"楚军阵势摆好，宋军才出战。结果宋军大败，襄公大腿受伤。宋国人都怨恨襄公。襄公辩解说："君子不困人于险隘的地方，不能攻打未列好阵势的军队。"子鱼说："打仗胜了就是功劳，何必在意那些庸人的议论？真按你所说的，就干脆给他们当奴仆算了，何必还打仗呢？"

赵、魏、韩共同的源头：晋

晋世家

『春秋五霸』中，实力最为强劲的，是晋文公打造的晋国。有晋国挡着，西边的秦国再怎么努力，也无法东进一步。晋国分裂为韩、赵、魏之后，依然在『战国七雄』占有三席之地，足见分裂之前晋国的强大了。

太子申生：宁以宽厚对狠毒

带着问题读《史记》

晋国是春秋时代最强大的诸侯国之一，可是，到了战国时代，它就"消失"了。原因是什么？

◎ 天子无戏言

西周的诸侯国，基本都是天子分封的，晋国自然也不例外。有趣的是，这个国家的分封十分特别：因为天子的一句玩笑话。

晋国的第一代国君，叫唐叔虞。唐叔虞原本叫叔虞，因为封于唐地，所以又叫唐叔虞。

叔虞也是贵族血统——他是周武王的儿子、周成王的小弟弟。周成王继位之后，有一次，和自己这个小弟弟在一块儿做游戏，正好院内有棵桐树，周成王便摘了一片桐树叶子，用刀削成了珪（guī，一种玉器）的形状，说："我把这个封给你了！"

他和弟弟闹着玩（当时他年纪也不大），却忘了一个问题：自己已经是天子了，身边随时有随从跟着，有专门的史官负责记录他的言行。

史官把周成王的话原原本本记下来了："某年某月某日，天子说要封叔虞。"

记录下来还没完，史官继续恭敬地对周成王说："陛下，请您定个吉日，来分封叔虞吧！"

周成王当时就傻眼了："哎呀，我只是和他开个玩笑而已！"

史官很严肃地说："天子无戏言——天子说话，是不能开玩笑的。您说的任何话，史官都会记录下来，然后让官员们按照程序办理。"

既然如此，那就封吧，谁让自己是天子呢！于是，周成王把叔虞分封到了位于黄河和汾水之间的唐地，叔虞由此也称唐叔虞了。

唐叔虞成了晋国的先祖。

画外音：隋末，李渊从山西起兵反隋，建立了唐朝。之所以用唐作为国号，就源于此。

被疏远的三兄弟

到了晋献公时期，晋国强大起来，开始四处征讨其他国家。在攻打骊戎时，晋献公俘虏了两个女子。这两个女子是姐妹俩，姐姐称为骊姬。姐妹俩都很受晋献公宠爱。

骊姬给晋献公生了一个儿子，名叫奚齐。因为喜欢骊姬，晋献公就想让奚齐将来继承自己的国君之位，可问题是——他已经有太子了。

太子名叫申生，是个厚道、仁义的人。晋献公的另外两个儿子——公子重耳、公子夷吾，能力也很强。

想把奚齐立为太子，就必须把申生的太子废掉，把重耳、夷吾等人也打发得远远的，帮他扫清继位之路上的障碍。

于是，太子申生，被打发到了曲沃这个地方；公子重耳，被派去驻守蒲邑（地名）；公子夷吾，则被派去驻守屈邑（地名）。

三人被父亲疏远也就罢了，很多大臣也看穿了晋献公的想法，知道申生这个太子之位，恐怕是难保了。

有的人见风使舵，也有的人"不忘初心"，希望晋献公不要因为宠爱骊姬，就更换太子。然而晋献公却不买账。

有一回，晋献公要让申生带兵出征，大臣里克劝他说："太子是国家的根本，让他出征，万一有个闪失，怎么办？"

没想到，晋献公却这样回答："我有好几个儿子，不知道该立谁为太子呢？"

晋献公也算是有水平的国君，这话说得却很没水平，近似于死皮赖脸了：明明早就立了太子，现在急了眼，居然问该立谁为太子。

里克能怎么说？估计已经目瞪口呆、哑口无言了，只能告退。

然后，里克去找太子申生。申生问他："你说，我是不是要被废掉了啊？"里克劝慰了他一番，无非是让他尽力而为，国君安排的事情，努力去做好，其他的，就听天由命吧！

里克阻止晋献公派遣太子出征，是替申生考虑，怕他出征有危险。里克眼中的"危险"，在骊姬眼中反倒成了功绩，让她担心不已。

原因很简单，申生的战功越大，撼动起来就越难。

然而，她十分精明，明明想废掉申生，说出口的，却是这么一番话，听上去十分"大公无私"：

"您立太子的时候，诸侯都知道此事，而且他屡次率兵出征，功劳很大，老百姓都亲附他。这样的太子，您怎么可以因为我的关系，就废除嫡长子而立庶子（奚齐）呢？如果您一定这么做，我就只能自杀了！"

这番话，是对国君晋献公说的。不知道晋献公当时感觉如何，想必感动得稀里哗啦的。这么顾全大局、大公无私的女人，去哪里找？

骊姬这番话，自然是违心的。她很清楚，要想让自己的儿子成为太子，只能依靠一个人——晋献公。去勉强甚至逼迫晋献公，只会适得其反。他一旦反感自己，自己失宠，奚齐成为太子就不可能了。所以，讨好他，比勉强他，效果更好。

当然，这只是她的第一步。她随后的一系列举动，终于让自己的狐狸尾巴露了出来。

骊姬的诡计

晋献公二十一年，奚齐只有九岁，晋献公却日渐年迈，骊姬等不及了。她决定采取行动。

申生的母亲是齐国人，人们都叫她齐姜，很早就去世了。

一天，骊姬对申生说："国君梦见了你的母亲齐姜，你赶快

去祭奠一下她吧，记得把祭祀的胙（zuò）肉带回来，让国君享用。"

古时候的人迷信，国君如果梦到了亡妻，便让儿子去祭祀一下，是合理的。

申生没有怀疑，祭祀母亲，也是孩子尽孝的一部分，于是便去了。回来的时候，按骊姬说的，把胙肉带回来，献给晋献公享用。

可是，晋献公正好外出打猎去了，胙肉便放在了王宫内——不知道这只是巧合，还是一切都是骊姬安排的。作为国君的宠妃，在太子要来献胙肉的时候，鼓动国君外出打猎，她完全有这个能力。

骊姬派人暗中在胙肉上做了手脚，将毒药放在了胙肉里。

两天后，晋献公打猎回来，管理膳食的厨师便将胙肉献给国君食用。献公正要吃，骊姬阻止他："胙肉从那么远的地方运来，还是先试试再吃吧！"

于是，令晋献公目瞪口呆、勃然大怒的情景上演了：把一块胙肉喂给狗，狗马上死掉了；让宫中的小宦官食用，小宦官也死掉了（可怜的奴仆）！

还没等晋献公发作，骊姬先号啕大哭起来："天哪！太子怎么能做出这种伤天害理的事情来？连自己的父亲，他都想杀死，何况他人呢？君王年岁已高，性命已在旦暮之间，太子竟然迫不及待，加以谋害！"

晋献公是个明白人，虽然想立奚齐，但申生的为人，他还是知道的，此事又如此蹊跷，至少要查明了真相再说。

可是，骊姬是不容许他查明真相的——那岂不是引火烧身？

所以，在把矛头迅速指向申生、误导晋献公之后，她随即使出了第二招：故作无辜，继续表演自己的"大公无私"。

她哭着对献公说："太子这么做，都是因为我和奚齐啊！干脆，您就让我们娘俩到别的国家避难，或者干脆允许我们自杀吧，免得将来遭到太子欺凌！以前您总是说要废掉太子，我还为太子求情，谁知道我是完全错误的！"

面对这么"懂事"，这么"通情达理"、楚楚可怜的骊姬，晋献公还能说什么呢？太子，此时已经危在旦夕。

太子申生听说此事，干脆逃离都城，跑回了曲沃。晋献公听说太子跑了，勃然大怒，命人把太子的老师抓来杀了。

跑到曲沃的申生，也陷入了重重的矛盾和痛苦之中："怎么办？到底该怎么办？是和父亲对抗，还是继续逃跑？"

有人劝他："这事儿不是明摆着嘛，下毒药的，就是骊姬！你去和国君说明此事，让国君查清楚，不就行了？"

申生很明白，让晋献公认真调查此事，可能吗？如果父亲知道下毒的是骊姬，根本不可能去查。即便追查，也不外两种结果：一种可能是办案人员徇私枉法，把脏水往申生身上泼；另一种可能是查到了嫌疑人是骊姬，私下汇报给晋献公，晋献公把此事给压下去，不再追究！

无论结果如何，赢家都不是自己。

想到这里，他叹了口气，说道："父王年纪已大，没有骊姬，他睡也睡不好，吃也吃不好。我如果向他解释清楚，必然会惹他

发怒，又何必呢？"

这条路，申生不愿意走。那么，逃跑怎么样？出了晋国，海阔天空，晋献公对你也无可奈何。一旦风向变了，再杀回晋国，不也很好吗？有人向他建议。

申生还是摇摇头："我头顶着这么大的恶名，却要出奔，谁会接纳我呢？谁会接纳一个弑父弑君的贼子呢？……我，还是自杀算了！"

十二月的一天，太子申生在曲沃自杀身亡。

公子出逃

申生死了，骊姬并没有善罢甘休。毕竟，奚齐的太子之路上，还有两个重要的障碍：重耳和夷吾。

重耳和夷吾到都城朝见晋献公的时候，有人对骊姬说："这两个公子，都因为申生的事情，对你怀恨在心哪！"

骊姬听了，十分担心，决定先下手为强，对晋献公说："太子申生往胙肉里放毒药的事情，重耳、夷吾都是知情人，可他们居然隐瞒不报，是何居心？"

重耳和夷吾也有自己的眼线，骊姬进谗言，他俩很快就知道了。

要想活命，办法只有一个：跑！

国君已经被骊姬的美色弄得神魂颠倒，这个时候，和国君讲道理，是没有用的。

重耳，逃回了自己驻守的蒲邑；夷吾则逃回了屈邑。

在那里，自己至少有军队，有幕僚，暂时没有性命之忧。

两个公子都跑了，晋献公大怒，派兵攻打。在攻打蒲邑的时候，他派去的宦官勃鞮（dī）杀进了重耳居住的宫殿，责令重耳自杀。

重耳不是申生，知道"好死不如赖活着"，留得青山在，不怕没柴烧，性命是第一位的！他奋力跳墙逃跑，勃鞮穷追不舍，拿刀砍他，却只砍断了重耳的衣袖。

重耳幸运地逃了出来，开始了长达十九年的流亡之路。

晋献公又去攻打夷吾的屈邑，夷吾只好逃到了梁国。

重耳无论如何也想不到的是，那个险些杀死自己的宦官勃鞮，居然在很多年以后，救了自己一命。

【原著精摘】

二十一年，骊姬谓太子曰："君梦见齐姜，太子速祭曲沃，归釐①于君。"太子于是祭其母齐姜于曲沃，上其荐胙于献公。献公时出猎，置胙于宫中。骊姬使人置毒药胙中。居二日，献公从猎来还，宰人上胙献公，献公欲飨之。骊姬从旁止之，曰："胙所从来远，宜试之。"祭地，地坟；与犬，犬死；与小臣，小臣死。骊姬泣曰："太子何忍也！其父而欲弑代之，况他人乎？且君老矣，旦暮之人，曾不能待而欲弑之！"谓献公曰："太子所以然者，不过以妾及奚齐之故。妾愿子母辟之他国，若早自杀，毋徒使母子为太子所鱼肉也。始君欲废之，妾犹恨之；至于今，妾殊自失于此。"太子闻之，奔新城。献公怒，乃诛其傅杜原款。

【注释】

①羧：祭祀用的肉，又称胙。

【译文】

晋献公二十一年，骊姬对太子说："君王梦见了你的母亲齐姜，你应该立即去曲沃祭祀母亲，回来后把胙肉献给君王。"太子于是便赶到了曲沃祭祀母亲，回到都城后，把胙肉敬献给献公。献公当时正好外出打猎，太子便把胙肉放在宫中。骊姬派人在胙肉上放了毒药。过了两天，献公打猎回宫，厨师把胙肉献给献公，献公正要享用，骊姬在旁边阻止说："胙肉是从远方来的，还是（让别人）先试吃一下吧！"把酒倒在地上，地面隆起了像坟一样的土堆；把胙肉扔给狗，狗吃后立即死了；把胙肉给小宦官吃，宦官也死了。骊姬哭着说："太子怎么这么残忍呢！对自己的父亲都想杀死而接替其位，何况对其他人呢？而且国君您已经年老了，还能活几天呢，太子竟迫不及待地想杀死您！"骊姬接着又说，"太子之所以这么做，是因为我和奚齐的缘故。我们母子宁愿躲到别国，或早早自杀，不要白白让我母子俩被太子当作鱼和肉一样宰割！当初您想废掉他，我还反对您；到今天，才知道自己大错特错了。"太子听到这事后，逃到新城，献公非常生气，杀死了太子的老师杜原款。

公子重耳：失魂落魄流亡路

带着问题读《史记》

重耳流亡到齐国的时候，日子过得很舒服，后来是怎样离开齐国的？

重耳、夷吾等人逃亡之后，骊姬的故事还没有完，主要情节，我们在本书的第一册（《史记·秦本纪》）中已经提到过了，在这里简单复述一下：

申生死后五年，晋献公也死了。大臣荀息拥立骊姬的儿子奚齐继位，不久，奚齐被大臣里克杀死；荀息又立了骊姬妹妹的儿子卓子（也作悼子），又被里克杀死，荀息也被杀了。在秦国、齐国军队的帮助下，公子夷吾回到晋国，这就是晋惠公。晋惠公执政十四年后去世，太子圉继位，这就是晋怀公。

晋国国内政坛你争我抢、轮流坐庄的时候，有一个人，十分落寞。他，就是在外流亡长达十九年、最终成为春秋霸主的公子重耳——后来的晋文公。

◎ "我等你回来！"

就在里克杀死奚齐、卓子，晋惠公登基之时，重耳依然走在漫漫的流亡之路上，有家难回。

晋献公还是太子的时候，重耳已经成人了；献公继位的时候，他二十一岁。申生自杀之后，重耳先是逃亡翟国——这是他母亲所在的国度，相对比较安全。

跟着他一块儿逃亡的，有五个比较有名的贤士，即赵衰、狐偃、贾佗、先轸、魏武子。除这五人之外，还有不知名的几十个人。

在翟国，重耳娶了老婆，生了两个孩子。值得一提的是，辅佐他的赵衰，也在翟国讨了一个老婆，生了一个儿子，名叫赵盾。赵盾后来一度掌握晋国大权，他的后代最终建立了赵国。赵国和韩国、魏国一起，把强大的晋国一分为三。

里克杀死奚齐之后，一度想迎回重耳，让他继承国君之位。重耳却对晋国国内的局势很不放心，担心被杀，坚决不回去。

画外音：这时的重耳，不是不想回去，而是不敢回去。十九年之后，最终他还是成了晋国国君，称霸天下。

登基成为国君，是一个巨大的诱惑，但重耳却拒绝了这个诱惑，说明他是一个耐得住寂寞的人，一个很明白形势的人。

他知道，因为晋献公老婆众多、儿子众多，要想登基，必须有后台，有人支持，而很重要的一点，就是自己母亲国家的实力。他母亲的翟国，是一个小国，实力较弱。如果没有其他外力支持，自己即便登基，恐怕也是昙花一现。

禁得住诱惑，耐得住寂寞，重耳最终以一种最稳妥、最安全的方式，获得了巨大的成功。

然而，翟国也不安全。

重耳不回去，给了夷吾机会，让他顺利登基。夷吾对身在外地的重耳十分担心——不知道什么时候，自己这个威望、才能兼具的哥哥，就会回到晋国，和自己抢位子啊！

于是，他派宦官勃鞮——就是曾经替晋献公追杀过重耳的那个宦官，带了其他壮士，去谋杀重耳。

幸好，重耳听到了风声，决定逃跑。往哪儿跑呢？

重耳分析形势，当今天下，最强大的，是齐国。齐桓公也在广揽英才，为其所用。逃亡齐国，一是距离远，相对更安全；二是齐国强大，晋国人也不敢在齐桓公的眼皮子底下杀人；三是齐桓公推行善政，自己去了，既能为其所用，也能受到他的保护。

一行人收拾行装，前往遥远的东方。

出发前，重耳对妻子说："你等我二十五年，如果二十五年后，我还不回来，你就改嫁！"

看到这里，很多人会笑场的——重耳你真搞笑！

是的，他老婆也这么想，于是回答道：

"二十五年？等你二十五年，估计我坟头上的柏树都一人

多高了。别想那么多了，我等你回来！"

🔘 吃土吧，重耳！

抛妻别子，重耳心情本就十分不爽，结果一路上的遭遇，更是麻绳拴豆腐——别提了。

一行人经过卫国，毕竟重耳也是晋国的贵族公子，可卫文公根本不用该有的规格接待他们。重耳无奈，只能离开，继续东行。

走到一个地方，一行人居然沦落到连食物都没有了，重耳又累又饿，碰到一个在乡野居住的农民，便让人去讨点吃的。

那农民看他们的打扮，像是贵族、当官的，却一个个灰头土脸、十分落魄，大概有点幸灾乐祸："你们这帮贵族，平日里吃香的喝辣的，不知道民生疾苦，今天也知道饿了，也知道老百姓不容易啊！"

于是决定戏弄他们一番，便找来一个碗，里面放了几个土块，献给重耳，意思是说：老百姓如今还没吃的呢，你们也吃土吧！

重耳很生气，刚想发作，赵衰劝他："这是好事啊！您生什么气呢？土块象征土地，他把土地献给您，您赶快向他拜谢，接受吧！"

一行人历尽艰辛，总算到了齐国。重耳果然没猜错，齐桓公高规格接待了重耳，送了他许多厚礼，还把自己的一个女儿嫁给了重耳。重耳从此过上了"三亩地，两头牛，老婆孩子热炕头"的幸福生活，把在翟国的妻子抛在了脑后。

可是，齐桓公此时已经年纪很大，两年后就去世了。去世之后，齐国政坛陷入混乱，几个公子你争我抢，争夺国君之位，导致齐桓公的尸体长达六十七天未能入殓。

在这样的动荡之下，齐国国君显然是不可能也没有精力扶持重耳，让他重返晋国夺取君位的。而重耳也被这样幸福、平稳的日子消磨掉了斗志，不想走了。

一住，就是五年。

赵衰等人很着急，多次劝说重耳离开齐国，返回晋国，寻找机会，夺取权力。可是，重耳却厌倦了漂泊和争斗，不想走了。

◎ 桑树下的密谋

一天，赵衰等人在桑树下面密谋，商量用什么办法让重耳离开齐国——实在不行，就来硬的！

没想到隔墙有耳，桑林里还藏着一个人——重耳妻子的女仆。她听到几个人的密谋，大概是替女主人担心：重耳走了，女主人岂不是要守活寡？

于是，她把这个消息汇报给了重耳的夫人。然而，结局很遗憾、很意外：重耳夫人居然把她给杀了！

因为，她需要严守秘密，不能让这个消息被赵衰等人以外的任何人知道，包括重耳。

也就是说，她也不希望重耳在安定的日子中消磨掉斗志、变得没什么追求。她和赵衰的心思是一样的，希望重耳能够振作精神，离开齐国、返回晋国，做一番大事业。

于是，女仆成了冤死鬼。

当晚，她忍不住再劝一次重耳："夫君，你还是返回晋国吧！"

重耳依然是那副死猪不怕开水烫的老样子："人生一世，图个什么？不就是及时行乐吗？还有什么比享乐更重要？我决定老死在齐国，不离开了！"

夫人生气地说："你是堂堂晋国公子，落魄流落到齐国，几个贤士跟着你，目的是和你一起干一番大事业，你不赶紧回国报答他们，却眷恋儿女之情不肯回国，我为你感到羞耻！"

有了夫人的支持，赵衰等人的行动，就顺利多了。他们合伙灌醉了重耳，然后七手八脚地把他抬上车，拉着就走。

等重耳从昏睡中醒来，车子早就离开齐国了。重耳眯缝眼睛，仔细一看，貌似这不是在家里啊！一问，都离齐国很远了。重耳大怒，拿起武器就要杀狐偃（密谋者之一，重耳的舅舅），狐偃道："如果杀了我能成全公子的大计，那倒正合我意！"

重耳怒气冲冲地说："如果大事不成，我就吃舅舅的肉！"

狐偃说道："如果大事不成，我的肉腥臊乏味（意思是如果事情失败，自己会被杀死），哪还能吃呢？"

摊上这么个能言善辩的舅舅，重耳也是很无奈，只好坐在车子上，看着背后的齐国离自己越来越远。

【原著精摘】

重耳爱齐女，毋去心。赵衰、咎犯乃于桑下谋行。齐女侍者在桑上闻之，以告其主。其主乃杀侍者，劝重耳趣行。重耳曰："人生安乐，孰知其他！必死于此，不能去。"齐女曰："子一国公子，穷而来此，数士者以子为命。子不疾反国，报劳臣，而怀女德，窃为子羞之。且不求，何时得功？"乃与赵衰等谋，醉重耳，载以行。行远而觉，重耳大怒，引戈欲杀咎犯。咎犯曰："杀臣成子，偃之愿也。"重耳曰："事不成，我食舅氏之肉。"咎犯曰："事不成，犯肉腥臊，何足食！"乃止。遂行。

【译文】

重耳爱恋在齐国娶的妻子，没有离开齐国的意思。有一天，赵衰、咎犯（狐偃）在一棵桑树下商量怎样离开。重耳妻子的侍女在桑树上听到他们的密谈，回屋后偷偷告诉了主人。主人把侍女杀死了，劝告重耳赶快走。重耳说："人生一世，就是寻求安逸享乐的，何必管其他事情呢？我决定死在齐国，不走了。"妻子说："你是一国的公子，走投无路才来到这里，你的随从都把生命寄托在你的身上。你不赶快回国，报答劳苦的臣子，却贪恋女色，我为你感到羞耻。现在你不去追求，什么时候才能成功呢？"她和赵衰等人用计灌醉了重耳，用车载着他离开了齐国。车子走了很远，重耳才发觉，于是大怒，拿起戈来要杀咎犯。咎犯说："杀死我成就您，倒是我的心愿。"重耳说："事情要是不成功，我就吃舅父的肉。"咎犯说："事情不能成功，我的肉估计早已腥臊乏味，哪还值得吃呢！"重耳只好作罢。众人继续前行。

晋文称霸：退避三舍成霸主

带着问题读《史记》

晋军见了楚军之后，为什么要"退避三舍"？

◎ 一路坎坷

重耳说的是对的，离开了幸福的齐国，等待他们的，是屈辱和坎坷。

经过曹国的时候，曹国的国君不仅不以礼相待，还想偷看重耳的肋骨！因为传说重耳奇人奇貌，肋骨是连在一起长的。

这对普通人来说，都无法接受，何况堂堂的贵公子！别说重耳愤怒，就连曹国的大臣僖（xī）负羁也看不下去了。

僖负羁劝曹国国君说："晋国公子十分贤能，将来或许会成就大事，和我们又是同姓，走投无路来投靠我们，为什么不以礼接待呢？"

国君不听。

僖负羁没有办法，只好自己悄悄准备了一些食物，在食物里面，藏了一些璧玉，送给重耳。

重耳很感动，但只是留下了食物，把璧玉还了回去。

若干年后，重耳登基，成为晋文公，灭掉了流亡途中得罪过他的卫国、曹国等小国，却对僖负羁网开一面，命令军队不得侵扰僖负羁家族，以报当年的恩德。

所以，一个人有远见，是件多么重要的事！

在宋国，重耳被隆重接待；在郑国，他再次饱受冷遇；到了楚国，楚成王又是隆重接待……

重耳这段流亡之旅，就像坐过山车，一会儿让你到云端，一会儿把你撂地下。

最值得一提的，是在楚国的遭遇。

◉ 退避三舍

重耳只是一个公子，而且是个流亡的落魄公子，楚成王居然用诸侯的规格接待他。

这显然是别有用心的——分明没把晋国现任国君——晋惠公（夷吾）看在眼里！用诸侯的礼仪接待重耳，那重耳就相当于晋国国君了，这不是明摆着制造矛盾吗？

晋国是当时的强国，楚国也很强大，面对重耳这个"小流亡政府"，故意制造话题、制造矛盾，也是楚国对付晋国的手段之一。

重耳自然看出了问题，于是表示推辞，不敢接受。

赵衰对他说："公子啊，您一路走来，饱受歧视，十分辛苦、

疲惫，眨眼之间，已经十多年了。连小的国家都瞧不起您，轻视您，何况大国呢？楚国是大国，却如此礼遇您，这是好事啊！这说明，老天要成全公子了（指要成全重耳，成为国君）！您还是不要推辞了！"

重耳于是接受了隆重的诸侯礼节，但表现得依然十分谦卑。楚成王似乎比较满意，又有点自得，于是对重耳说："公子如果将来回国，该如何报答寡人呢？"

重耳虽然感激楚成王的隆重礼遇，但对他心中的"小九九"，十分清楚。他虽然谦卑，却是一个耿直的人，不可能因为自己受到礼遇，就出卖晋国的利益。于是，他不卑不亢地回答道：

"楚国地大物博，大王您什么宝物没有啊？什么羽毛、齿角、玉帛之类的贵重物品，别人极其稀罕，可在您眼里都是瞧不上的东西。我实在想不出您缺什么、用什么来报答您。"

楚成王撇了撇嘴，对重耳的这番完美的外交辞令似乎不太满意，心里想："你这不是装糊涂吗？我这么礼遇你，是让你回到晋国，一旦掌权，就和我们楚国交好，给我们楚国输送利益！"

于是说道："你说得不错，寡人确实什么也不缺。可你总得意思意思，有所表示吧？"

这两人看来都是外交高手。重耳打了个"太极"，把问题推了回去；楚成王来了个"缠绕"，又把问题送了回来，逼着重耳回答。

唉，看来天下真是没有免费的午餐啊，给你超高规格的接待，必然会给你提出各种过分的要求！

重耳无奈，只好回答道："如果实在说要报答的话，那么，假如有一天两军对垒，我愿意退避三舍（大约九十里路）。"

这话说得可是有点重！楚成王想捞点好处，重耳却直接提到了两军对垒可以退避三舍，可谓绵里藏针：表面是让步，其实意思很明显——将来你要是敢威胁晋国的利益，咱们还是要战场上见！

这番话惹恼了楚国名将子玉，子玉怒气冲冲地对楚成王说："大王对重耳如此隆重接待，重耳却出言不逊，干脆把他杀了！"

楚成王说道："算了吧！重耳是个贤能的人，跟随他的，也都是贤士名臣，这都是天意，岂能随便杀了？再说，当时我的追问也不太合适，他不这么说，又能怎么说呢？"

> **画外音：** 若干年后，晋、楚两军在城濮大战，晋文公（重耳）
> 没有忘掉当年的约定，命令部队：后撤九十里！
>
> 这就是成语"退避三舍"的来历。

重耳其实是很矛盾的。他知道，自己如果想要回到晋国重新掌权，一方面必须得有"后台"，比如楚国、秦国这样的强国支持，才有可能重回晋国。否则，晋惠公的国君之位当得好好的，凭什么让你回去？即便回去了，免不了也是一番血腥厮杀。

楚成王其实话里有话，如果说白了就是：我可以扶持你成为晋国国君，但你必须付出代价。当年，夷吾在秦国的扶持下成为国君，就曾许诺给秦国割让土地。后来夷吾反悔了，因为代价的确太大了。

即便有这样的"后台"支持，还有很重要的一方面，就是机会。光有后台，没有机会，也白搭。

然而，十几年的漫长等待，机会终于还是来了。不过，不是来自楚国，而是来自秦国。

❀ 重返晋国

机遇，是晋惠公病了。他病了或者死了，也没重耳什么事儿，因为他早就立好太子，准备好接班人了。

不巧的是，因为晋惠公得罪过秦国，秦穆公很生气，让晋惠公的太子（圉）到秦国，做了人质。

太子听说晋惠公病了，很担心：自己远在秦国，父亲一旦死了，别人万一把其他公子立为国君，岂不麻烦？干脆，跑回去得了！

于是，未经秦穆公的允许，子圉逃回了晋国。

子圉的逃跑，惹恼了秦穆公："敢和老子作对，没有好下场！"

子圉回到晋国，目的不是继位吗？那好，我就另找一个人，取代你！他选择了德高望重的流亡公子——重耳。

晋惠公病重，国内局势陷入动荡，这对流亡了十几年的重耳而言，无疑是个机会。于是，他到了秦国。

后面的事情，就简单了。晋惠公去世后，子圉继位，就是晋怀公。然而，晋怀公只干了几个月国君，秦穆公的大军就和重耳一块儿杀到了晋国。晋国的大臣虽然也派兵抵抗，但并没有真心对抗，因为大家都知道这是公子重耳回来了。除了个别大臣，多数人都拥立重耳，重耳顺利登基，就是春秋五霸之一的晋文公。

晋怀公仓皇出逃，后被杀死。

此时，晋文公重耳已经六十二岁了，他在外流亡的时间长达十九年，可谓历经坎坷，终成正果。

然而，让他没想到的是，一场意外，突然发生了。

◎ 弃暗投明的宦官

晋文公刚刚登基，立足未稳；而且他在外流亡十九年，没能在国内培植自己的势力；晋惠公、晋怀公的势力，依然潜伏着。

晋怀公被杀后，几个亲附他的大臣，担心自己也被杀死，

密谋之后，决定来一场谋杀：放火，把重耳居住的宫室烧掉！

制造一场火灾，国君在火灾中死亡，神不知鬼不觉，既给晋怀公报了仇，又不用担上谋杀之名——真是一场完美的谋划。

晋文公对此毫不知情。毕竟，国君的位子还没坐热，自己的心腹、眼线，还是太少了。

这一天，有人求见晋文公。

"什么？他要见我？他还有脸见我！我想杀他还来不及，他竟敢来见我！"晋文公一听侍从报上来人的名字，勃然大怒。

"来者是谁？"宦官，勃鞮。

是的，你没看错，就是那个曾经逼迫晋文公自杀，追杀他甚至砍断了重耳衣袖的勃鞮。

仇人相见，分外眼红，这种人，见了就该把他拿住杀死，还要什么二话？

不过，晋文公觉得，自己堂堂一国之君，和一个宦官计较，显得太没度量、有失身份。于是他对侍者说："你替我把他骂一顿，赶走算了！居然还敢来求见我！"

侍从很听话，出去把勃鞮骂了一顿。

勃鞮很镇静，低着头挨完了骂，说道：

"在下不过一个小小的宦官，唯一的职责，就是侍奉主子，从来不敢有二心。因为我忠诚于先君（晋献公），所以得罪了现在的主子（晋文公）。国君已经回国了，难道以后就能保证没有叛乱的事情发生吗？当年齐桓公差点儿被管仲一箭射死，可他还是能够重用管仲，成就了霸业。现在我一个身体有残疾的人，想要向君王汇报一件极其重要的事情，却得不到接见，恐怕灾祸已经不远了！"

侍从把话转给了晋文公，文公一听，吃了一惊，连忙接见勃鞮。

勃鞮便把晋怀公旧臣企图制造火灾，烧死晋文公的计划，秘密告诉了晋文公。原来，勃鞮得知这一消息后，决定弃暗投明，把消息密报晋文公，企图以此将功折罪，免得晋文公再和自己算当年"断其衣袖"的旧账。

晋文公听到这一消息，一头冷汗都冒出来了。他想立即捉拿企图谋反的大臣，但考虑到他们党羽众多、根深叶茂，而自己立足未稳，所以没有轻易动手。

最后，他决定来个"金蝉脱壳"，带了几个人，秘密离开宫室，乔装打扮，抄小道到了王城，会见了秦穆公。反臣果然放火焚烧王宫，并且和晋文公的卫士展开了混战。最终，反臣被秦国的部队杀死，晋国重新恢复了平静。

晋怀公的势力被铲除，晋文公没了后顾之忧。他推行仁政，安抚百姓，东征西讨，晋国的势力越来越强大，终成一代霸主。

【原著精摘】

　　成王厚遇重耳，重耳甚卑①。成王曰："子即反国②，何以报寡人？"重耳曰："羽毛齿角玉帛，君王所余，未知所以报。"王曰："虽然，何以报不榖③？"重耳曰："即不得已，

与君王以兵车会平原广泽，请辟王三舍。"楚将子玉怒曰：
"王遇晋公子至厚，今重耳言不孙④，请杀之。"成王曰："晋
公子贤而困于外久，从者皆国器，此天所置，庸可杀乎？且
言何以易之！"

【注释】

①卑：谦恭。

②反国：即"返国"，回国。

③不穀：古代诸侯对自己的谦称。

④孙：即"逊"，此处意思是说重耳出言不逊。

【译文】

　　楚成王厚待重耳，重耳十分谦卑。成王说："您将来如果回国，
会用什么来报答我呢？"重耳说："珍禽异兽、珠玉绸绢，都是君
王您玩剩下的东西，我真不知道该用什么来报答您才好。"成王说：
"话虽可以这么说，可总有点什么可以回报的吧？"重耳说："假
使不得已，万一我们两国在平原、湖沼兵戈相见，我愿为您退避
三舍。"楚国大将子玉生气地说："君王对待晋公子这么好，重
耳却出言不逊，请允许我把他杀了！"成王说："晋公子十分贤能，
但在外受困很久了，随从都是国家的栋梁之材，这是上天的安排，
怎么可以杀了呢？况且，他不这么说，又能怎么说呢？"

贤臣赵盾：赵、魏、韩三家分晋

带着问题读《史记》

一个刺客要去谋杀赵盾，为什么刺客反倒自杀了？

◎ 一个强大的母亲

晋文公死后，儿子晋襄公继位。晋襄公六年，赵衰等老一辈大臣相继去世，赵衰的儿子赵盾走上前台，治国理政。

第二年，晋襄公也去世了。

这两年，对晋国来说，可谓"流年不利"，头一年，一口气死了赵衰等五位大臣；现在国君又去世了，不说别的，光丧事也够忙活一阵的了。

还有一个很重要的问题，是国君的继任者。晋襄公已经立了太子，可太子年幼，只有四岁。把这么小的太子立为国君，很容易出问题。

可是，晋国已经经不起折腾了。晋文公死后，秦国和晋国多次交战，你来我往，打得热火朝天，百姓苦不堪言，对政局也

产生了不利影响。尤其是朝廷老臣一股脑儿地凑热闹，五位大臣在同一年去世，影响也很大。

大臣们的意见很一致："这么小的太子，不能继位。晋国饱经磨难，理应找一个年长的公子，作为君王。"

可是，具体到选哪个公子，却出现了分歧。

赵盾的意思，是立晋襄公的弟弟雍。公子雍在秦国，和秦国的关系好，这样有助于和强大的秦国处理好关系。

另一个大臣贾季，却主张立晋襄公的另一个弟弟公子乐。

两人谁也不能说服谁，于是各干各的，赵盾派人去迎接公子雍，贾季派人去迎接公子乐。赵盾找了个借口，撤了贾季的职，消除了隐患——否则，两个公子同时回来，争当国君，必然引发祸乱。

摆平了贾季，赵盾就等着迎接公子雍了。不料按下葫芦瓢又起，一个女人出来"闹事"了。

这个女人，就是太子的母亲，名叫缪嬴。

太子才四岁，啥事也不懂，可缪嬴懂啊！晋襄公明明立了太子，为什么不让太子继位，却换别人？何况，这不仅是争权夺利，而是生死攸关！新国君一旦继位，要办的第一件大事就是废掉甚至杀死太子；否则，新国君继位就无法名正言顺了。

为了儿子和自己的性命，也得豁出去！

深懂其中利害的缪嬴知道，自己必须采取行动；可是，一个弱女子，没什么权势，赵盾把持朝政，自己能有什么办法？

缪嬴无可奈何，使出了女人最厉害的一招：哭。

自己在家里哭，哭死也没用！要哭，就去朝堂上哭，就去赵盾家里哭。

不仅自己哭，还抱着太子，一块儿哭。

四五岁的小孩子懂什么？一看母亲哭得凄惨，也跟着哭。朝堂之上，大臣们讨论国政的地方，顿时鸡飞狗跳，一片哀号，乱七八糟。

赵盾不是凶残的人——否则，早就把这母子杀掉了。他之所以选择其他人继位，是为了国家大计，让小孩子继位，实在是对晋国不负责任。

可是，女子一撒泼，英雄也没辙，赵盾傻眼了。朝堂上的热闹景象，咱没看见，估计赵盾会急赤白脸、满头大汗吧？越是朝廷重臣，越是庄严的场所，越怕撒泼。

再说，他确实理亏：如果严格按照程序，的确该太子继位，他不占理儿。

但，大臣们朝堂之上议定的大事，总不能当场反悔吧？

缪嬴很执着，散了朝，她又跟到了赵盾家里。你想想，一个年轻貌美的女子，抱着个四五岁的孩子，闯到大臣家里，又哭又闹，成何体统？

缪嬴边哭边说："先君（晋襄公）去世的时候，曾经抱着这个孩子，托付给你，说：'太子如果成才，我会感激你；如果不成才，我会怨恨你！'如今，先王去世没几天，他的话还在耳边，你怎么能说翻脸就翻脸？"

赵盾实在是怕了她了，只好把责任往别的大臣身上推："我也不想这样啊！可是，这是大家议定的事情啊！"

缪嬴才不怕这个呢："你说，是哪个大臣说的，我去找他！"

这下，别说赵盾怕了，其他大臣也怕了：谁也不想让这个女人抱着孩子找上门来啊！

最终，大臣们改了主意：还是遵照晋襄公的遗愿，让太子继位吧！于是，不得不派兵阻止护送公子雍前来的秦国军队，让太子登基，这就是晋灵公。

然而，晋灵公后来的所作所为，却让赵盾等人大失所望、大为后悔。

当时，如果坚持不让步就好了。

◉ 自杀的刺客

年纪不大的晋灵公，奢侈无度，喜好酒色，喜怒无常，滥杀无辜。他耗费重金，让人修饰宫殿，在楼台上用弹子弹人（大约类似于现在的弹弓），看着人们惊恐地四散逃避，以此为乐。

有一次，厨师给他炖熊掌吃，一不小心没炖烂，晋灵公便把厨师杀了，让几个女子把尸体抬出去扔掉。女子抬着尸体往外走的时候，要绕过朝堂，被赵盾等大臣看到了。

如此滥杀无辜、荒淫无道，赵盾等人对晋灵公非常不满。在这之前，他们已经多次劝谏晋灵公。如今，国君又擅自杀人，实在没有个君主的样子。赵盾和另一大臣再次劝谏晋灵公，灵公依然不听，而且对赵盾越来越厌恶。

这个"少年国君"，行事也荒诞不堪。赵盾的劝谏激起了他的愤怒之后，他采取了一种匪夷所思的举动：刺杀。

他找来一名刺客，去刺杀赵盾。

刺客潜入赵盾家中，却发现赵盾天还不亮就打开了卧室的门，整理衣冠，准备上朝了。而他的家中，十分简朴。

这让刺客大为感动：这样的贤臣，国君竟然想要刺杀他！杀了他，是对晋国百姓不负责；不杀他，又违背君命！

他悄悄从赵宅出来，叹息道："杀死忠臣，和违背君命，罪过是一样的！"说罢，撞树而亡。

赵盾侥幸躲过了这次暗杀。然而，晋灵公并没有罢手，新的阴谋，又在酝酿之中。

◉ 一个快要饿死的人

有一次，赵盾到山上打猎，在桑树下看到一个人，眼看要饿死了。赵盾可怜他，就命人给他一些食物吃。

没想到，那人只吃了一半，就停下了。赵盾很奇怪，问他："你怎么不吃完啊？都饿成这个样子了。"

那人说："我给人做奴隶，已经三年了，不知道母亲是否还活着，希望能带点食物回去，给她吃。"

赵盾被这个人的孝心感动，就多给了他一些饭和肉，让他带给母亲吃。

这个桑树下的饿人，名叫亓（qí）眯明。

后来，亓眯明到了晋灵公的王宫，成了他的厨师。这个巧合，救了赵盾一命。

上次刺杀未成，刺客反倒自杀了，让晋灵公大为光火。他决定"再接再厉"，继续搞暗杀。

这回，他长了个心眼："既然派人去杀你不好杀，我把你请来杀死，岂不更稳妥？"于是，便请赵盾来喝酒，准备在宫内埋伏武士，刺杀赵盾。

赵盾自然也不傻，可国君邀请，不得不来，于是前来喝酒。

才喝了三杯，一个厨师忽然对赵盾说："君王赐宴给大臣，大臣行酒三遍，就可以了。"

"一个厨子，竟然在国君和大臣的宴席上插嘴？你算什么东西？"赵盾感到十分疑惑。这个劝他的厨师，正是当初桑树底下那个快要饿死的人——亓眯明，不过赵盾不认得他了。

但这个异常的苗头，还是让赵盾有所警觉，敬了酒便准备离开。

厨师插了这一杠子，打乱了晋灵公的计划：赵盾都离开了，准备刺杀的武士还没集合好呢！既然武士还没来，那就放狗咬死赵盾！晋灵公于是放出了自己的一条猛犬。

厨师亓眯明却是铁了心要和主子作对，徒手杀死了那条狗。赵盾虽然不明白这个厨师为什么如此舍己为人，却也看出了晋灵公的陷阱，又可气又可恨："堂堂国君，搞个刺杀，连士兵都凑不齐，被迫用狗！你这国君的水准，也实在是'没谁了'！"

赵盾于是喊道："弃人而用狗，再猛又有什么用？"

——这话，大概是在嘲笑晋灵公吧！

晋灵公又急又气，好在赵盾跑出没多远，自己的武士总算集合好了，于是让他们抓紧追杀赵盾！

没想到，又是厨子亓眯明，挺身而出，和晋灵公的士兵搏斗，让他们无法前进，赵盾得以脱险。

亓眯明后来也逃了出来。赵盾问他原因，他说："我就是那个桑树下的饿人。"问他名字，他没有回答。

这下，晋灵公算是和赵盾撕破脸皮了。赵盾无奈，只能逃亡，但还没有逃出国境。

晋灵公胡作非为，引发众怒，赵盾的同族兄弟赵穿，以其人之道还治其人之身，也搞了一次暗杀，在桃园里将晋灵公杀死。

别看刺杀的是国君，却没费什么力气，因为晋灵公太不得人心了。赵穿等人又把赵盾迎了回来，重新做了正卿（官名）。

赵盾等人把晋襄公的弟弟迎了回来，立为国君，这就是晋成公。

画外音：后来史官记录这段经历的时候，写"赵盾弑其君"，赵盾辩解说："晋灵公不是我杀的！"史官却说："谁让你当时没出国境呢？只要你在晋国，就该为弑君承担责任，而且回到朝廷后，你也没处理赵穿啊！"

孔子对此曾感慨说："当时如果赵盾离开晋国就好了，就可以避免弑君的恶名了！"

我们却可以从中看到赵盾的伟大：弑君的明明是赵穿，史官的说法不算恰当，他却只是辩解，没有动用手中的权力杀人；当年晋灵公的母亲找他哭闹，他也没有动用权力杀人，最终甚至屈从了这个女人。他当时属于权臣，权力极大，却不加滥用，甚至委屈自己，的确是一个相当有涵养的人，也是个厚道人。

如果换了别人，晋灵公母子和这个史官，不知道都死过多少回了。

后来，赵盾的后人，以及韩氏、魏氏三个晋国大臣的势力越来越大，甚至超过了晋国国君。到晋烈公执政时，周天子把赵、韩、魏都封为诸侯。到晋烈公的孙子晋静公时，魏、赵、韩联合灭掉了晋国，晋静公被废为平民，晋国从此彻底消失在了历史长河之中。

【原著精摘】

盾遂奔，未出晋境。乙丑，盾昆弟将军赵穿袭杀灵公于桃园而迎赵盾。赵盾素贵，得民和；灵公少，侈，民不附，故为弑易。盾复位。晋太史董狐书曰"赵盾弑其君"，以视于朝。盾曰："弑者赵穿，我无罪。"太史曰："子①为正卿，而亡不出境，反不诛国乱，非子而谁？"孔子闻之，曰："董狐，古之良史也，书法不隐②。宣子，良大夫也，为法受恶③。惜也，出疆乃免。"

【注释】

①子：你。

②书法不隐：根据法律给自己的职责，仗笔直书，毫不隐瞒。

③为法受恶：因为遵守法律而蒙受弑君的恶名。

【译文】

于是赵盾逃亡，但没有越出晋国国境。乙丑这一天，赵盾的同族兄弟赵穿将军，在桃园杀死了灵公，迎回赵盾。赵盾一向被人们所敬重，很得民心。灵公年纪小，又奢侈，百姓都不归附他，因此很轻易地就将其杀死。赵盾恢复了正卿的地位。晋国太史（官名）董狐写道："赵盾杀死了自己的国君。"并在朝廷上传给大家看。赵盾说："杀国君的是赵穿，我没有罪。"太史说："你是正卿，出逃时没有离开国境，回来后又不惩罚叛乱的人，不是你是谁呢？"孔子听到这件事，说："董狐真是古代优秀的史官，根据实际记录，毫不隐瞒。宣子（指赵盾）是优秀的官员，为遵守法制宁愿承受弑君的坏名声。真可惜呀，如果赵盾当时逃出国境，就可以免除罪名了。"

蛮夷之地成强国：楚

楚世家

楚国是南方强国，但最初被周天子分封的时候，却只是『子』爵（古代爵位一般分为公、侯、伯、子、男五种），以致后来孔子还拿此说事儿。那么，最初并不被看好的『楚子』，是怎样一步步成为强悍的『楚王』的呢？

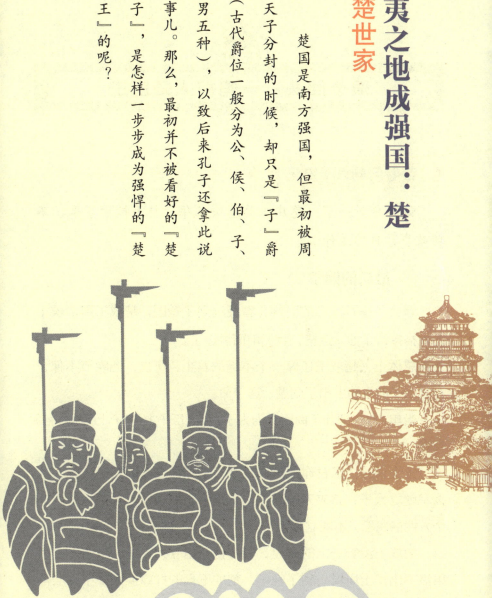

浪子回头：一鸣惊人楚庄王

带着问题读《史记》

试着分析一下：楚庄王登基头三年，整天忙于享乐、不理政事，目的是什么？

⊙ 最后的熊掌

晋公子重耳流亡的时候，曾经逃到了楚国，楚成王用诸侯王的规格接待了他。这些，我们前面讲过了。

总体上，楚成王还算一个不错的君主，可惜，他晚节不保，在立太子的事情上出了问题，送了命。

当年，他想把儿子商臣立为太子，和大臣子上（"子上"为人名）商量。

子上说："国君你还年轻，内宫中受你宠爱的女子又多，这么早就立太子，将来万一改立，肯定会引发动荡。再说，商臣这个人性格残忍，不能立为太子。"

楚成王没听子上的意见，坚持把商臣立为太子。然而，事情果然不出子上所料，到了晚年，楚成王真的打算换太子了，准备把太子商臣废掉，另立其他的儿子。

商臣得到了消息，但不能确定消息是否属实，于是找到自己的老师潘崇："怎样才能打听到确切消息呢？"

毕竟，国君准备换太子，属于高度机密，只有极少数人知道。

潘崇说："国君宠爱的妃子江芈（mǐ），理应知道消息。你设宴款待她——但是，要对她显得不恭敬。"

显得不恭敬？商臣虽然未必了解老师的老谋深算，还是照做了。果然，他在宴席上对江芈很不尊重，江芈很生气，怒道："国君要杀死你另立他人，真是太对了！"

> **画外音**：江芈脱口而出的这句话，把自己的丈夫楚成王送上了不归路。所谓沉默是金、祸从口出，很多时候，说话不得不谨慎。
>
> 当然，换了别人，即便受了刺激，可能也说不出这样的话。潘崇用这种方式获得绝密情报，有一个前提，就是"知己知彼"。他必然对江芈的性格十分了解，知道此招对她有效。如果换了别人，他可能就用别的招数了。这就叫老谋深算。

江芈是楚成王最宠爱的妃子，这句话从她嘴里说出，可见换太子之事，是确凿无疑的。

自古以来，被废掉的太子能寿终正寝的，几乎为零。即便老爹不杀你，新国君登基之后，也会把你干掉。与其坐以待毙，不如抢班夺权！

密谋之后，商臣起兵包围王宫，困住了楚成王。楚成王眼看大势已去，对儿子说了一句令人费解的话："儿子，让我吃了那块熊掌再死，好不好？"

看来商臣发兵的时候，楚成王的厨师正在炖熊掌，还没

来得及吃呢。

真是一个吃货，到死都惦记着吃。

可是，这或许是楚成王的缓兵之计呢？说不定，磨磨蹭蹭吃完熊掌，救兵就来了。

想到此，商臣没有答应老爹最后的请求，楚成王自杀身亡。商臣继位，这就是楚穆王。

⊛ 三年不飞，一飞冲天；三年不鸣，一鸣惊人

楚穆王死后，儿子熊侣继位，这就是春秋五霸之一的楚庄王。

楚庄王这么厉害，这么霸气，刚登基的时候，却像个十足的纨绔（wán kù）子弟，整天吃喝玩乐，不务正业。

他登基之后，整整三年时间，没发布一条政令，就知道日夜享乐。这倒罢了，他还怕国人指责他，居然下了这么一条命令："有谁敢劝谏我的，判死罪，绝不赦免！"

这下，谁还敢劝他呀？

没想到，还真有不怕死的。一个大臣，名叫伍举，就进了王宫，来劝导楚庄王。

不过，伍举很聪明。他知道君王有"不准劝谏"的命令。所以，他来不是劝谏的，而是来聊天的。

他对楚庄王说："我这次来，是想让大王猜个哑谜。"

"哦？猜谜？这倒有趣。"

"有只鸟待在高山之上，三年以来，不飞也不叫，请问这是什么鸟？"伍举说。

唉，这哑谜也太没水平了。这不就是影射楚庄王当了三年国君，

什么也不说，什么也不干吗？

可是，这个拙劣的哑谜，没违反楚庄王"不准劝谏"的规定，楚庄王也没法生气；再说了，你为一个哑谜，和大臣翻脸，显得多没度量啊！

楚庄王回答道："三年不飞，一飞必定冲天；三年不鸣，一鸣必定惊人。"

伍举心领神会，道："我明白了。"

这两人很默契啊！

这次"打哑谜式劝谏"后，楚庄王变本加厉，更加醉心于享乐了。另一个大臣苏从忍不住了：你当国君的怎么能这样！就算被你砍头，也要劝谏！

苏从于是进宫劝谏，这次就不是打哑谜，而是有话直说了。

楚庄王冷冷地问："你难道不知道我的命令吗？"

苏从说："如果牺牲我的性命，能让国君醒悟过来，我死而无憾！"

"好！"冒死劝谏，楚庄工等的就是这样的人才！

他几乎是摇身一变，停止享乐，迅速从一个纨绔子弟，成了治国小能手。当然，更重要的在于：他发现了伍举和苏从两个人才，并委以重任。

在楚庄王的治理之下，楚国日益强大，迅速扩张，北上击败晋国，问鼎中原，成就了霸业。

【原著精摘】

庄王即位三年，不出号令，日夜为乐，令国中日：

"有敢谏者死无赦！"伍举入谏。庄王左抱郑姬，右抱越女，坐钟鼓之间。伍举曰："愿有进隐①。"曰："有鸟在于阜，三年不蜚不鸣，是何鸟也？"庄王曰："三年不蜚，蜚将冲天；三年不鸣，鸣将惊人。举退矣，吾知之矣。"居数月，淫益甚。大夫苏从乃入谏。王曰："若不闻令乎？"对曰："杀身以明君，臣之愿也。"于是乃罢淫乐，听政，所诛者数百人，所进者数百人，任伍举、苏从以政，国人大说。

【注释】

①进隐：进献一个谜语。隐，隐辞，又称"廋（sōu）辞"，一般是一问一答的形式。

【译文】

　　庄王继位三年，从未向国内发布过任何政令，日夜寻欢作乐，还向国人下了道令："有敢进谏的判死罪，绝不赦免！"伍举入宫进谏。庄王左手抱着郑姬，右手抱着越女，坐在钟鼓之间。伍举说："希望向您进献一个隐语。"接着他说，"有一只鸟落在土山上，三年不飞不鸣，这是什么鸟呢？"庄王说："三年不飞，一飞冲天；三年不鸣，一鸣惊人。你下去吧，我知道你的意思了。"过了几个月，庄王更加淫乐放纵。大夫苏从入宫进谏。楚庄王说："你没有听到我的命令吗？"苏从回答说："舍弃生命而能使国君醒悟，这正是我的愿望。"楚王于是停止作乐，开始处理政务，杀死了几百个罪人，提拔了几百个有功之臣，任用伍举、苏从管理政务，全国人民都很高兴。

乱臣酿祸：家恨终于成国仇

带着问题读《史记》

伍子胥是楚国人，为什么却对自己的祖国有那么大的仇恨？

小人费无忌

如果历史上评选"小人排行榜"，费无忌应该是可以上榜的。可以说，春秋末期，楚国差点亡国，很大程度上要"归功"于费无忌。

费无忌是楚平王的臣子，当时的官名叫太子少傅，就是太子的老师。

太子熊建有两个老师，一个是太子太傅伍奢，也就是伍子胥的父亲；另一个就是费无忌。一个太傅，一个少傅，伍奢的地位显然要比费无忌高。

太子不怎么喜欢费无忌，对伍奢倒是十分重视。这让费无忌有点头疼：太子就是将来的国君，如果自己得不到太子的宠信，也就没什么前途了。

怎么办？有两条路：第一是努力让太子宠信自己，但难度太大；第二是让楚平王不宠信太子，把太子换掉。相比而言，后者似乎更容易一点。

机会来了。楚平王二年，费无忌得到一个差事：秦国和楚国定下了婚姻，要把秦国女子嫁给楚国的太子。

那时候的婚姻，绝对属于"包办婚姻"，未来的妻子长什么样，别说太子不知道，就连楚王以及其他楚国人都不知道。

费无忌领了命令，去秦国把这个女子接回楚国。到了他才发现，秦国这个女子，长得非常漂亮。于是，他灵机一动，决定使坏。

迎亲的队伍到了楚国后，费无忌让队伍慢慢行走，自己则快马加鞭，飞奔回都城，向楚平王汇报说："大王啊，那个秦女实在太美了，您不如自己娶回来，给太子再另找一个！"

楚平王也是鬼迷心窍，答应了。祸根，就这么埋下了。

费无忌这一举动，自然很得楚平王欢心。他趁机在国君面前说太子的坏话，楚平王开始疏远太子，把太子派到城父这个地方，戍守边境去了。

仅仅让太子远离了都城，费无忌的目的还远未达到。他的终极目的，是把太子换掉！

于是，他继续在楚平王面前说太子的坏话：

"自从我把那个秦国女子献给君王您，太子就一直怨恨我，恨不得杀了我！恨我倒罢了，微臣一条贱命，死不足惜，可是，太子他居然连您也怨恨起来了！您说这还有天理吗？大王应该有所戒备才是啊！别忘了，太子戍守在城父，掌握着兵权哪！如果他和外面的诸侯王勾结，就会攻打都城了！"

一席话说得楚平王也动摇了：费无忌说得也有道理，太子掌握兵权，必须经常敲打敲打！

可是，如果直接把太子叫回来训斥，又显得小题大做，毕竟费无忌说得再多，也只是推测、怀疑，没有证据；何况，当初就是自己不对，硬把许配给太子的秦女抢走了嘛！楚平王也理亏。

于是，楚平王把太子的老师伍奢叫来，训斥一番；训斥老师，等于间接敲打太子，也算提醒他一下，不要乱来。

没想到，伍奢是个硬骨头。楚平王一训斥他，他马上全明白了——不用说，又是小人费无忌搞的鬼！

伍奢也太耿直了，说话不讲究策略，当着费无忌的面，直接对楚平王说："大王啊，您怎么可以因为小臣的谗言，而疏远自己亲生的骨肉呢？"

小臣，其实和"奸臣""小人"一个意思。你想想当时的场景，如果一个人指着另一个人的鼻子，说他是"小人"，这两人不当场打起来才怪！

当着楚平王的面，费无忌被骂"小人"，脸上当场就挂不住了，脸红脖子粗地对楚平王喊："大王啊，此人如果现在不严加惩处，将来必定后悔！"

两人这算是彻底、公开地撕破脸皮了。

然而，楚平王是站在小人那边的。他命人把伍奢拘禁起来，

并派人去召回太子，想要杀死太子。太子听到消息，逃到宋国去了。

◉ 家仇成了国恨

太子跑了，伍奢被抓了，费无忌该满足了吧？不。他还有层担心：伍奢的两个儿子——伍尚和伍子胥，十分厉害，如果不斩草除根，把他俩一块儿杀了，必留后患！

于是，他继续向楚平王建议说："伍奢有两个儿子，只要留着，将来必成祸患，必须除掉！"

可是，这俩儿子又不傻，怎么可能自投罗网呢？费无忌又提出了建议："大王您可以假传命令，说只要他的两个儿子前来，就可以赦免伍奢。这样，他们就会自投罗网了！"

问题是，如果伍奢不配合，他的两个儿子恐怕也不会来。楚平王于是派使者对伍奢说："如果你能把你两个儿子招来，你就可以活命；否则，死路一条！"

伍奢冷冷一笑，说道："伍尚会来，伍子胥不会来。"

"为什么呢？"

伍奢答道："两个儿子的脾气，我了如指掌。伍尚，为人清廉，能为道义牺牲生命，而且孝顺仁爱，听说他来了就能赦免父亲，一定会不顾危险而来。伍子胥十分聪明，喜爱谋略，知道来了会死，所以一定会逃亡。他逃亡了，对楚国必是一大隐患！"

楚平王管不了那么多了，派人去找这哥儿俩。然而，知子莫若父，事情果然和伍奢说的一样。

听到国君召见的消息，两人都知道大事不妙。伍尚对伍子胥说："此去，凶多吉少。但如果听到可以赦免父亲的消息而不去，就是不孝；如果父亲被杀，却不能报仇，则是没有智谋，也算不孝。这两种孝，咱兄弟俩一人承担一种吧，我去死，算是尽孝；你逃走，将来报仇，也是尽孝！"

于是两人分头行动，伍尚奔往都城，伍子胥则逃往吴国。

听到伍子胥逃亡的消息，已经大难临头的伍奢，考虑的不是自己的生死，而是楚国的利益。他叹口气说："子胥逃走，楚国危险了！"

面对如此忠心耿耿、将个人生死置之度外的忠臣，楚平王没有丝毫怜悯，将伍奢和伍尚父子杀死，铸成大错。

十多年后，伍子胥卷土重来，回到了楚国。不过，他是带着强大的吴军来的。吴国的大军杀入楚国的都城郢，此时楚平王已死，楚昭王仓皇出逃，楚国差点亡国。

好在楚国有个忠臣，名叫申包胥，去秦国哭了好几天，总算打动秦王，同意出兵救楚，打败了吴国。楚昭王这才回到了都城。

但这个教训，着实太深刻了。

画外音：其实楚昭王继位的第一年，就把费无忌给杀死了，杀死了小人，楚国人都很高兴。

可是，祸患并没有随着小人被杀而解除。吴军攻入楚国国都，楚昭王逃跑，是十年之后的事情了。

按说，楚平王死了，费无忌被杀了，伍子胥应该不再计较了吧？可是没有。小人带来的祸患，一直影响了楚国十几年，这恐怕是楚昭王没想到的。

【原著精摘】

无忌曰："伍奢有二子，不杀者，为楚国患。盍以免其父召之，必至。"于是王使使谓奢："能致二子则生，不能将死。"奢曰："尚至，胥不至。"王曰："何也？"奢曰："尚之为人，廉，死节，慈孝而仁，闻召而免父，必至，不顾其死。胥之为人，智而好谋，勇而矜功，知来必死，必不来。然为楚国忧者必此子。"

【译文】

无忌说："伍奢有两个儿子，如果不杀掉他们，将成为楚国的祸患。何不用免除他们父亲的死罪为条件，把他们召来，这样他们必定会来。"于是，楚平王派使者对伍奢说："能把你的两个儿子召回，你就可以活命，否则必死。"伍奢说："伍尚会来，伍子胥不会来。"平王说："为什么呢？"伍奢说："伍尚为人正直憨厚，敢为节义而死，慈爱孝悌忠义，听说回楚可以免除父亲的死罪，必然会来，不顾惜自己的性命。伍子胥为人聪慧而有谋略，勇猛而喜功，知道来了必死无疑，便肯定不会来。可是，成为楚国未来忧患的必定是这个儿子。"

怀王易怒：六百里地变六里

带着问题读《史记》

历史上为什么会有两个楚怀王？

不怀好意的说客

如果你看过本书的第二册，说不定会有印象：项羽的叔叔项梁起兵反秦的时候，把楚国国君的后人找来，拥立为王，称为楚怀王。

其实他只是借用了楚怀王这个称号，目的是借此激发楚人的斗志；因为在此之前，楚国有过一个楚怀王，后来被秦国人扣留，死在了秦国。

"楚怀王"三个字，代表着楚国人对秦国的刻骨仇恨和惨痛记忆。那么，楚怀王为什么要跑到秦国，最终死在秦国呢？

这事儿，还要从一个著名的说客——张仪说起。

楚怀王的时代，秦国已经相当强大了。为了对付强秦，说客苏秦搞了个"合纵"，就是东方的六国（那时是战国时代，只剩下

七个大国了，所谓六国，就是秦以外的国家）联合起来，对抗强秦。

楚国在六国中，也算有实力的，所以楚怀王一度成为六国的首长，十分威风。

这个时候，苏秦出现了一个强劲的对手——张仪。他投靠秦国，倡导"连横"，目的是瓦解六国联盟，各个击破。

秦国想要攻打齐国，但齐国和楚国是盟友，关系很好。要想打垮齐国，首先要把齐国和楚国的联盟瓦解掉。秦惠王一狠心，宣布免掉张仪的相位，让他出使楚国。

在张仪这种纵横家眼里，世界上只有利益，没有情义。

张仪很清楚，楚国和齐国之所以结盟，是因为有着共同的敌人——强大的秦国。要想拆散这个联盟，就要拿出更具诱惑力的东西——利益。

🔶 三个诱人的"蛋糕"

张仪面见楚怀王，给他送上了三个诱人的大"蛋糕"。

哪三个呢？

第一个蛋糕，是他自己。

他自己？没错。战国时代，什么最贵？人才最贵。当时有"战国四公子"，以善于养士闻名，所谓的"士"，就是自己搜罗来的人才，叫作门客。

张仪之前，最贵的人才，是主张合纵抗秦的苏秦，曾经挂上六个国家的相印。然而，自从张仪倡导"连横"之后，六国联盟就有点土崩瓦解的趋势，不是楚国攻打魏国，就是齐国攻打赵、魏，窝里斗成了六国联盟的潮流。

成功打破了合纵同盟的张仪，一下子炙手可热，成了各国国君眼中的奇才。所以，秦惠王在派张仪出使楚国之前，故意免掉了他的相位，那意思就是，这个人才可以作为见面礼，送给楚国！

第二个大蛋糕，是秦王对楚王的友情。

友情能当饭吃吗？别的时代，有可能；战国时代，国和国之间，基本没可能。所以，这个蛋糕，属于画饼充饥。

可是，张仪是谁啊？是"三寸不烂之舌，可抵百万雄师"的说客！他把秦王对楚王的友善，说得天花乱坠："你只要和齐王绝交，我们秦王，必然对你十分亲善！"

亲善的确不能当饭吃，但在说客嘴里，不仅能当饭，还是山珍海味。

当然，如果只有这两个蛋糕，恐怕只能维持五分钟热度。楚怀王回去一琢磨："嗯？你说得天花乱坠，可是我什么都没得到啊！"说不定，还会反悔。

所以，最重要的是第三个大蛋糕——实实在在、看得见摸得着的蛋糕，那就是土地。

"只要您和齐国绝交，那么，原来秦国占领楚国的六百里土地，全部还给大王！"

六百里！

这可是一大片土地啊！

这片土地彻底击中了楚怀王的软肋，什么秦王的友善，什么张仪挂楚国相印，都不如这六百里土地来得实在。

可是，他的大臣里面，还是有人比较清醒的。大臣陈轸（zhěn）提醒他：

"你是先和齐国断交，再去接受那六百里土地呢；还是先接受土地，再和齐国断交？如果先接受土地，秦国肯定不答应；如果先和齐国断交，一定会受到欺骗！既受到了欺骗，又和齐国断交，孤立无援，楚国必然危险！"

然而，楚怀王不听。

◎ 六百里地变六里

于是，楚怀王宣布和齐国断交，然后派人跟着张仪，去领那六百里土地。

车队到了秦国境内不久，张仪就喝得酩酊大醉，从车上摔了下来。当然喽，作为一个优秀的纵横家，他也是有表演天分的。这些情景，都是他表演给楚国人看的。

然后，张仪就回家"养病"去了。这病看来病得不轻，张仪待在家里整整三个月没出门。

他不着急，楚国人着急啊。消息传到楚怀王那里，楚怀王就琢磨了："咋地，这是觉得我和齐国断交的诚意还不够啊？"于是又派人去齐国，把齐王大骂了一顿。齐王大怒，宣布和楚国断交，重新和秦国修好。

这下，齐国、楚国的关系等于是决裂了，张仪满意了。

秦国、齐国关系修复得差不多了，张仪这才上朝，对楚国使者说："你怎么不接收给你的土地呢？从某地到某地，一共六里。"

使者气得鼻子差点儿冒烟："明明是你装病不给地，反倒成了我不接收了；明明是六百里，如今成了六里！"

可是，这是在秦国的地盘上，生气能怎样？使者只好灰溜溜地把消息汇报给楚怀王："大王，不好了，说好的六百里地，如今变成六里了！"

楚怀王大怒，就要攻打秦国。

此举正中秦国下怀。此时，齐国已经和楚国断交，和秦国修好，强大的秦国对付楚国，只要齐国不掺和，那还不是小菜一碟！

大臣陈轸又劝他："既然和齐国撕破脸皮了，不如干脆贿赂秦国，攻打齐国，这样还有胜的希望！"

楚王还是不听。结果呢？秦、楚两军在丹阳会战，楚军大败，八万楚兵被杀，光被俘虏的楚将就多达七十余人。

面对失败，楚怀王的反应不是反思、总结，还是老一套：大怒。

这次大怒，后果更惨。一怒之下，楚怀王率全国的军队倾巢而出，攻打秦国，结果又被秦军打败。而韩国、魏国发现楚国国内空虚，趁机进攻楚国。腹背受敌的楚怀王只好带兵回国。

画外音：搜罗一下《史记》记载的楚怀王对事情的反应，不是"大怒"，就是"不听"——而且是不听忠臣的话。也有的时候是"听了很高兴"——可惜那是听了张仪的甜言蜜语之后的反应。

◎ 张仪又来了

战国时代，国和国之间，变脸比翻书还快。秦国和楚国狠狠干了几架，差点把楚国打趴下之后，又担心齐国从中渔利，于是想和楚国修复关系。

秦楚大战之后的第二年，秦王就派使臣到楚国，希望恢复关系，同时表示归还一部分占领的楚国土地，以表诚意。

楚怀王对使者说："老子不要土地！就要张仪！"非要把张仪弄过来杀了不可。

消息传到秦国，秦王犹豫，张仪却说："大王放心，让我去吧！"

秦王说："楚王对你恨之入骨，去了岂会放过你？"

张仪嘿嘿一笑："大王放心，我和楚王的大臣靳尚关系很好，而靳尚又深得楚王宠妃郑袖的信任，我会利用这层关系确保安全。再说，我是秦王您的人，楚王要杀我，就是不给您面子，和强秦对着干，我看他们也没那个胆。"

于是，用六百里地公然欺骗楚王的张仪，又来到了楚国。

楚怀王给了他一个下马威，二话不说，直接把张仪给囚禁了。

只是囚禁，没有直接砍头，这说明张仪的推测是对的：楚怀王的确忌惮强大的秦国，不敢贸然动手。

这就好办。于是，张仪迅速行动，暗中贿赂楚国大臣靳尚。

靳尚于是劝说楚王："大王囚禁张仪，秦王一定会发怒。秦国如果孤立楚国，其他国家一旦趁机落井下石，可就麻烦了。"

接着，靳尚又去找楚怀王的宠妃郑袖，走"后宫路线"。劝说楚王的时候，他说的话还有点不痛不痒（其实那些道理楚王都懂，否则就不是囚禁张仪，而是直接杀掉了）；面对郑袖的时候，他的话就直击要害，戳中了郑袖的软肋：

"秦王非常重视张仪，听说大王想杀掉他，非常着急，不仅要给楚国土地，还准备进贡好多美女给大王！听说这些美女，全是在秦国精心挑选的，个个能歌善舞。如果秦王把土地和美女献上，夫人您一定会受冷落的！"

郑袖虽然现在受宠，但最担心的是自己一旦年老色衰，楚王很可能就会冷落自己。真是怕什么来什么，秦国如果送上美女，对自己可是巨大的威胁！

那该怎么办？

靳尚对郑袖说："您只要劝说大王放掉张仪，秦王一看，人都放回来了，我还送什么美女啊！这样，问题不就解决了吗？"

郑袖依计，劝说楚王，楚王耳朵根子一软，真把张仪给放了。

放就放了吧，楚王依然那么糊涂，张仪脸皮依然那么厚，两个人居然重新友好起来，约定秦楚和好，互通婚姻。

然后，张仪完好无损地回去了。

这时候，屈原刚出使齐国回来，听说张仪跑了，就质问楚王："为什么不杀掉张仪这个祸害呢？"楚王这才后悔，可惜晚了。

🏮 最后一次"不听"和"大怒"

几年之后，情况有了一些变化：秦国，国君变成了秦昭襄王；秦之外的六国，一会儿齐心协力，一会儿分崩离析，貌合神离的情况很多。

但有一点没变——那就是秦国越来越强大了。

楚怀王的"不听"和"爱发怒"似乎也没变，依然是爱听奸臣的，不爱听忠臣的；遇到事情爱动怒，却没什么招数。

当时的七个国家，号称"战国七雄"，关系可谓错综复杂。一开始齐国巴结楚国，后来楚国和秦国交好，再后来齐国联合韩、魏攻打楚国；最后秦国和楚国又翻脸了……真是一团乱麻。

齐、韩、魏攻打楚国的时候，楚怀王主动把太子送到秦国作人质，请求秦国出兵帮助楚国。

这边好不容易摆平了齐、韩、魏，那边楚国太子又闹出事儿来了。

楚怀王二十七年，做人质的楚国太子和秦国一个大臣闹矛盾，两人决斗，结果楚国太子赢了。

赢了可不是什么好事儿，毕竟这是在秦国的地盘上，而且，楚国太子把人家给杀死了。

太子知道闯了大祸，赶忙逃回了楚国。

这下可热闹了，秦国一生气，翻脸不认人，和原来的对手齐、韩、魏联手，攻打楚国——这就是战国时代，国和国之间，翻脸比翻书还快。一年多之前，秦国和齐、韩、魏还是敌人，眨眼变盟友了。

秦国本就强大，何况还是联军？楚国不是对手，大败。为了瓦解秦国和齐、韩、魏的联盟，楚怀王讨好齐国，又把太子送到齐国做人质——翻来翻去，这似乎是楚怀王执政最后几年，唯一一件做对的事情了。

齐国摆平了，秦国还是不罢休，第二年又攻打楚国，把楚国打得没了脾气。秦昭襄王送信给楚怀王，说：

"咱们以前关系很好，都怪你的太子，杀了我的大臣！你到武关这个地方来，咱们结盟，定下和约，就可以不打了！"

"秦国的话，可信吗？"楚怀王在犹豫。一个大臣劝他："秦国是虎狼之国，不可相信，不能去啊！"

他儿子子兰却劝他："老爹您还是要去啊，否则得罪了秦王，可不好玩！"

楚怀王又没听忠臣的，听了子兰的话，去了。

结果，一去不返。

楚怀王一去就被扣下了。秦昭襄王用对待藩臣的礼节接待他，完全不合乎礼制。楚怀王又一次"大怒"，但已经无计可施了。

秦国扣留楚怀王，让楚国拿土地来换。

消息传到楚国，没有了楚怀王，楚国的大臣做出的决策反倒十分正确，让秦国无可奈何。

秦国缺乏诚信，献了土地，也不一定能救回楚怀王，所以土地一定不能给。可是，不给怎么办？国君被秦国扣了，太子在

齐国做人质，两个可以执掌朝政的人都在敌国扣押着呢！

商议之后，大臣使了一计：派人到齐国发讣告，谎称楚怀王去世，希望让太子回国继位。

当时齐国的国君是齐湣王，一番讨论之后，还是决定把太子放了回去。太子于是继位，这就是楚顷襄王。

◉ 楚怀王之死

本来想用楚怀王要挟楚国，换取利益，没想到却是竹篮打水一场空，秦王大怒，发兵攻打楚国，大败楚军。

不过，在秦国被扣留了好几年的楚怀王，却找了个机会，逃走了。

他往楚国的方向逃跑，是往南去。秦昭襄王得到消息后，立马封锁了通往楚国的道路。怀王一看过不去了，就往北走，逃到了赵国。

赵国怕得罪秦国，不敢收留楚怀王，怀王于是又往魏国逃跑。还没跑到魏国，就被秦兵抓获了。

回秦之后，楚怀王就病了。楚顷襄王三年，怀王去世，秦国把尸体送还了楚国。秦、楚两国，从此绝交。

然而，统一的趋势，此时已经无法逆转。七十年后，楚国为秦所灭。

【原著精摘】

怀王大悦，乃置相玺于张仪，日与置酒，宣言"吾复得吾商於之地"。群臣皆贺，而陈轸独吊。怀王曰："何故？"陈轸对曰："秦之所为重王者，以王之有齐也。今地未可得而齐交先绝，是楚孤也。夫秦又何重孤国哉，必轻楚矣。且先出地而后绝齐，则秦计不为。先绝齐而后责地，则必见欺于张仪。见欺于张仪，则王必怨之。怨之，是西起秦患，北绝齐交。西起秦患，北绝齐交，则两国之兵必至。臣故吊。"楚王弗听，因使一将军西受封地。

译文

怀王听了高兴，于是把国相的大印赠给张仪，每天和他饮酒作乐，并且宣称"我又得到我国的商於了"。大臣都来祝贺，唯独陈轸却来吊慰。怀王说："（你前来吊慰）是什么原因？"陈轸回答说："秦国所以看重您，那是因为楚国与齐国友善。现在，我们还没得到商於的土地，就先和齐国断交，这是在孤立楚国。秦国为什么要看重孤立无援的楚国呢？它只会轻视楚国。如果秦国先交出商於，然后再与齐断交，秦国是绝对不会这么做的。如果先与齐断交，然后再去索取商於，那一定要被张仪所欺骗。您被张仪所欺骗，一定会怨恨他。怨恨张仪，西边就会引来秦国的祸患，而北边又和齐国断绝了交情。西有秦的祸患，北边与齐国断交，那么，两国的军队一定来攻打。所以我来吊慰。"楚王不听陈轸的意见，派一位将军西行到秦国去接受商於的土地。

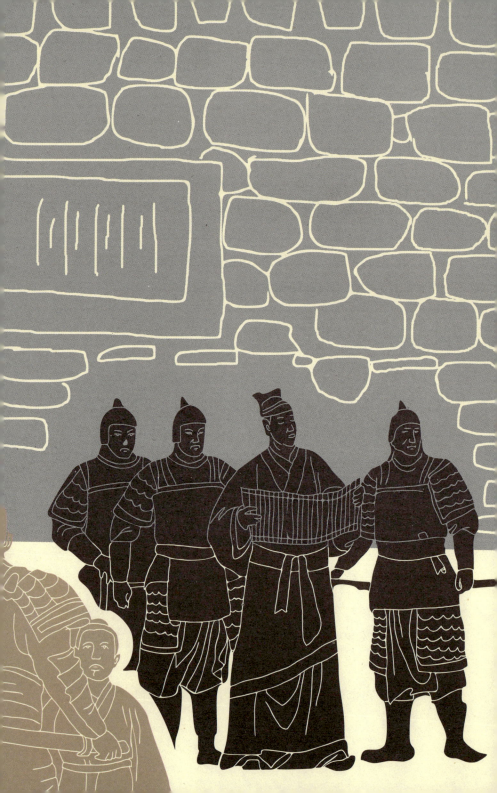

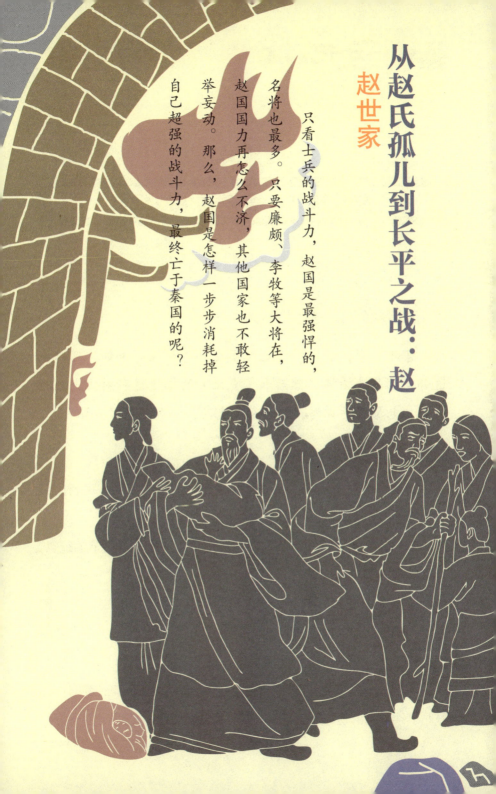

从赵氏孤儿到长平之战：赵

赵世家

只看士兵的战斗力，赵国是最强悍的，名将也最多。只要廉颇、李牧等大将在，其他国家也不敢轻举妄动。那么，赵国是怎样一步步消耗掉自己超强的战斗力，最终亡于秦国的呢？

赵氏孤儿：舍命救孤成经典

带着问题读《史记》

有部电影，名字叫《赵氏孤儿》。如果有条件，可以把这部电影找来看看，然后和《史记》的描述进行对比，分析一下：电影里的描写，哪些符合史实，哪些进行了夸张？

赵盾留下的隐患

前面介绍过赵盾的故事。他是赵衰的儿子，后来成了晋国最有权势的大臣。

可是，在晋灵公企图杀他，他被迫逃亡之时，一个细节的疏忽，给赵氏家族造成了巨大的灾难。

这个细节就是孔子说过的那句话：赵盾逃亡，没有离开赵国国境。所以，他的同族兄弟赵穿，弑杀晋灵公，他的责任，就无法推卸了。

事实上，此事并非不可补救。作为最有权力的大臣，面对一起弑君事件，无论赵穿如何正义，弑君都是犯罪行为，理应进行处理。

　　但赵盾没有，或许他也觉得晋灵公荒淫无道，着实该死。但至少程序要走一下，做做样子吧？

　　他在这一事件上无所作为，给后人留下了把柄。

　　这个隐患，在他去世之后，爆发了。

　　赵盾死后，儿子赵朔继承了他的位子。

　　赵朔依然是晋国很有权势的大臣，但影响力显然比他爹小了很多。好在，他成了驸马爷，娶了晋成公（晋文公之子，晋襄公的弟弟、晋灵公的叔叔）的姐姐为妻——幸好如此，否则赵氏孤儿的故事说不定也不存在了。

　　晋成公死后，儿子晋景公继位。形势逐渐不妙了。

　　一个叫屠岸贾（gǔ）的大臣，深得晋景公宠信，晋景公对其几乎言听计从。屠岸贾成了司寇，也就是掌管司法的大官，他决定找碴儿了。

　　他认为晋灵公被弑一案，犯案人员必须处理，包括赵盾。屠岸贾通报大臣们："赵盾即使对此事不知情，也是叛徒的头子！做大臣的弑君，子孙却逍遥自在地在朝廷做官，这怎么行！必须严加处理！"

　　人一走，茶就凉。晋成公去世才三年，就翻旧账，让大臣韩厥十分不满，他辩驳说：

　　"灵公被杀时，赵盾在外头，并不知情。何况，先君晋成公认为他没有罪，已经定性了，所以没有处理他。各位现在要诛杀他的后人，岂不是违反先君的意思？"

然而，屠岸贾的目的是找碴儿，岂会听你的辩解？

韩厥没有办法，找到赵朔，让他"赶紧逃吧"！赵朔坚决不走，说道："我不走，只求你一件事：保住赵氏的香火，让赵氏延续下去，我就死而无憾了！"

韩厥答应，然后假装生病，闭门不出，目的是先保全自己，然后找机会为赵家留下后代。

⊛ 不哭的婴儿

屠岸贾行动了。

而且，是擅自行动，未经国君晋景公许可，士兵就已出动，赵朔家族，几乎全被杀死。

只有一个人例外，那就是赵朔的妻子、晋成公的姐姐。当时，她已有孕在身，为了保住腹中的孩子，逃进王宫躲避。

赵朔的妻子，是国君晋景公的姑姑，屠岸贾不敢拿她怎么样，但她腹中的孩子，屠岸贾是一定要斩草除根的！

"屠赵派"和"救孤派"暗流涌动，都盯上了赵朔妻子腹中的婴儿。一派，必欲除之而后快；一派，宁可舍生取义，也要救出赵氏孤儿！

就在屠岸贾的眼线秘密盯上了赵妻的同时，"救孤派"也暗中行动了。

这场"救孤"大戏，你要记住两个人：一个，名叫公孙杵臼（chǔ jiù），是赵朔的门客；一个，名叫程婴，是赵朔的好友。

公孙杵臼找到程婴，不冷不热地对他说："赵朔都死了，你怎么不为他殉难呢？"

是啊，既然关系这么好，不能同年同月同日生，但求同年同月同日死，你怎么不跟着死呢？

程婴知道公孙杵臼的脾气，何况，赵朔死了，谁不难过？说点丧气话，也正常。

他很认真地回答道："赵朔的夫人怀有身孕，如果生个男孩，我要负责把他养大；如果是女孩，我自然会跟着赵朔去死。"

原谅程婴吧，他重男轻女，不过，情况紧急，顾不上批评他了。

密谋没多久，宫中传来消息："赵朔夫人生了，男孩！"

程婴有了活下去的理由，连忙紧急筹划营救赵氏遗孤。屠岸贾也得到了消息，迅速赶到宫中搜查。

藏在哪里是好？偌大的王宫，此时竟没有一个安全之处，赵朔夫人眼看就要崩溃了。屠岸贾完全不把晋景公放在眼里，宫中任何地方，都不保险！

情急之下，赵夫人急中生智，把婴儿藏在了自己的裙下。

这是最安全的地方。屠岸贾的目标是孩子，却不敢动赵夫人一根指头，更不敢搜身——在那个时代，对国君的姑姑搜身，会犯大不敬之罪。

但是，这也极其危险——那只是一个婴儿，饿了就哭，饱了就睡，什么都不懂，万一，他哭起来怎么办？

情况紧急，顾不得许多了。赵夫人只有在心中默念："上天

若想灭绝赵氏，你就哭吧！如果苍天有眼，不让赵氏灭绝，你就不出声！"

苍天有眼，孩子没哭。

躲过搜查之后，孩子被迅速转移到了"救孤派"手中。

◉ 被杀的婴儿

程婴和公孙杵臼商量："孩子是暂时安全了，但屠岸贾一定会继续追查孩子的下落，怎么办？"

公孙杵臼没有回答，反问他："把这个孩子养大，让他继承祖业，和跟着赵朔去死，哪一个更难一些？"

程婴说："死容易，把孩子养大，难啊！"

公孙杵臼冷笑道："赵朔活着的时候，对你特别优厚，所以，你理应做困难点的，我做简单点的，如何？"

两人一番密谋，决定来一个"金蝉脱壳"。

这一天，"屠赵派"大臣们，忽然看见了多日不见的程婴。这家伙仿佛喝醉了，一反常态，对他们说："我好后悔啊！我程婴，怎么无德无才到了如此地步，连赵氏孤儿都养不了！谁给我千金，我就说出赵氏孤儿藏匿的地方！"

有人觉得程婴可能喝醉了，也有人觉得程婴可能就是"识时务"了……不管怎样，大臣们给了程婴一千金，从他口中得知：赵氏孤儿被公孙杵臼藏在了山里。

屠岸贾很兴奋，马上命令：让程婴带路，搜捕公孙杵臼！

公孙杵臼和赵氏孤儿的藏匿之处，被发现了。面对突然而至的士兵，公孙杵臼一脸惶惑，随即，他看到了一同前来的程婴。

"程婴，原来是你！你这个小人，无耻！"公孙杵臼咬牙切齿，冲程婴大喊，"赵朔死了，你不能殉难也就罢了，前两日还和我计划藏匿赵氏孤儿，没想到竟是你的奸计！你个出卖我的小人，不得好死！"

他低头看看襁褓中的婴儿，几乎落下泪来，跪下恳求道："诸位将军！这孩子有什么罪呢？求求你们，杀掉我，放过这个婴儿吧！"

屠岸贾哪里会同意！公孙杵臼和那个婴儿，都被杀死。

◎ 赵氏卷土重来

十五年后，晋景公病重。

这些年，大概他也有所反思，对屠岸贾的行径感到不满，对被满门屠杀的赵氏，感到遗憾。

在疾病面前，古人往往是无可奈何的，只能求助于占卜。晋景公让人占卜一下，看看自己这场病究竟是什么缘故。占卜结果，是"秦赵的共同祖先大业的后代中不遂心的人在作怪"导致的。

晋景公于是把大臣韩厥找来，让他帮着分析一下。韩厥，前面说过，他曾经为赵盾求情，反对屠岸贾，也是"救孤派"。

韩厥对国君说："大业的后裔，然后又在晋国断绝了香火的，恐怕就是赵氏吧！上苍可怜赵氏，所以在占卜上会有所显示。"

"哦……"晋景公沉默了片刻，问道："赵氏现在还有后代吗？"

其实他很清楚，赵氏几乎被屠岸贾灭门了，问也是白问。

韩厥的回答，让他吃了一惊："赵氏孤儿，还活着。"

原来，当年公孙杵臼和程婴密谋，从别处找来一个婴儿，换上华丽的襁褓，冒充赵氏孤儿被杀。赵氏孤儿，则被程婴秘密抚养至今。

晋景公看到了一丝希望，同意让赵氏孤儿恢复祖先的地位。他之所以这么做，一是出于对屠岸贾专权的不满，二是出于迷信——按照占卜结果，只有让赵氏恢复香火，自己的病才有救。

赵氏孤儿，如今已经有了自己的名字——赵武。

在韩厥等人的安排下，晋景公秘密召见了赵武，并把他藏在宫中，然后，让屠岸贾之外的大臣进宫，问候晋景公的病情。

大臣们来了，晋景公让赵武出来，向他们摊牌："这是赵氏遗孤，我要恢复赵氏的地位！"

就在赵武出来的同时，韩厥安排的士兵，已经将大臣们团团围住。得，识时务者为俊杰，反正屠岸贾也不是什么好鸟，别替他卖命了！大臣们见风使舵，纷纷诉说屠岸贾的不是，当年若不是他胁迫，他们也不会这么做……

随后，程婴、赵武带领士兵，攻击屠岸贾，将其杀死。

赵氏经历了这一劫难，重新得以恢复。原有的土地，重新分封给了赵氏。

🏵 不忘诺言

赵氏孤儿的故事，本该到此结束了。可是，五年之后，又发生了一件感人的事情。

这一年，赵武已经二十岁，算是成年人了。程婴也已年迈。

有一天，他挨家拜访亲朋好友，一一道别，然后回到家，对赵武说："二十年前那场变乱，大家都殉难而死，只有我苟且偷生。我不是怕死，是怕赵氏断了后。如今，你已经继承赵氏的位子，长大成人了，我的任务完成了！我还要办最后一件事，就是去九泉之下，和你父亲，还有好朋友——那个该死的公孙杵臼，汇报一下工作！我要走了！"

一席话，说得赵武眼泪涟涟，他跪下，他磕头，苦苦哀求："我愿以一生来报答您！您怎么可以忍心抛下我而死呢？"

程婴含泪说道："我不能不死啊，孩子！公孙杵臼无能，觉得自己办不了这么难办的事儿，而我能力强，比他强！……所以，让我活下来，办这件天下最难的事儿，他们先死了！……我得去跟他说一声啊！我不说，他还以为我能力不行，没办成呢……"

程婴，自杀。

忍辱偷生，顶天立地，千古程婴！

【原著精摘】

及赵武冠，为成人，程婴乃辞诸大夫，谓赵武曰："昔下宫之难，皆能死。我非不能死，我思立赵氏之后。今赵武既立，为成人，复故位，我将下报赵宣孟与公孙杵臼。"赵武啼泣顿首固请，曰："武愿苦筋骨以报子至死，而子忍去

我死乎！"程婴曰："不可。彼以我为能成事，故先我死；今我不报，是以我事为不成。"遂自杀。赵武服齐衰三年，为之祭邑，春秋祠之，世世勿绝。

【译文】

到赵武行了冠礼（古代男子一般二十岁举行成人礼），长大成人了，程婴就拜别了各位大夫，然后对赵武说："当初下官的动乱，大家都能殉难而死。我不是不能死，而是想扶立赵氏的后代。如今你已经长大成人，承袭祖业，恢复了原来的爵位，我要到九泉之下，去向赵宣孟（赵盾，谥号为宣孟）和公孙杵臼汇报了！"赵武啼哭磕头，坚决地恳求说："我愿终生竭尽筋骨之力，来报答您，您怎么忍心离开我而死呢？"程婴说："我不能不死。那公孙杵臼认为我能完成大事，所以先我而死；如果我不去复命，他会以为我的任务没完成。"说完就自杀了。赵武为程婴守孝三年，给他安排了祭祀用的土地，每年春、秋两季祭祀，世代不绝。

长平之战：一时贪念惹祸端

带着问题读《史记》

长平之战是战国时代最著名的战役之一，这次战役发生的原因是什么？

◎ 赵氏绝地反击

在春秋战国的历史上，赵氏堪称"打不死的小强"，生命力极强。屠岸贾几乎灭了赵朔满门，仅剩一个遗孤，这是赵氏第一次绝境重生；一百多年后，赵氏再度面临绝境，遭三个地方诸侯围攻，结果又一次反败为胜、绝境重生。

在赵氏孤儿——赵武重新继承了赵氏的职位之后，晋国"卿大夫强大、国君弱小"的趋势，已经越来越明显了。

到了赵武的曾孙——赵襄子时代，晋国有四大家族，势力很大，气势完全盖过了晋国国君。这四家即知伯、赵、魏、韩。

其中，最骄纵的当属知伯。因为四大家族联合瓜分了范氏、中行氏的土地，国君晋出公很生气，但自己又打不过四家，于是

向齐国和鲁国告状，企图借兵讨伐。四大家族干脆先下手为强，攻打晋出公，晋出公外逃。知伯于是立了个傀儡国君，更加不知道天高地厚了。

知伯骄纵之下，贪心的毛病又犯了。他向韩、赵、魏提出要求：你们三家，都要割让土地给我！

韩、魏服软，给了；赵氏偏偏是个硬骨头，死活不给。知伯怒了，和韩、魏组成联军，攻打赵氏。赵襄子眼看抵挡不住，逃到了晋阳城固守。

三家军队围攻晋阳，这一围就是一年多。赵襄子弹尽粮绝，拼死据守。三家也渐渐失去了耐心，最后不顾百姓死活，挖开汾水河堤，水淹晋阳。

赵氏又一次面临绝境。

重兵围困，外加水攻，晋阳城内，人心惶惶。别说普通百姓、士兵，就连赵襄子手下的臣子，也开始有了疏远之意。看样子，再这么下去，他们就会开门投降了。

赵襄子十分担心。情急之下，他想到了一条妙计，正是这条妙计，改变了赵氏的历史，也改变了战国的历史。

妙计也是险招。成败在此一举。

他派自己手下最大的官——相国张孟同，亲自出城，秘密联络韩氏、魏氏，陈述厉害，摆事实、讲道理，目的只想说明两点：

第一，知伯灭赵，属于各个击破，灭赵之后，肯定还要再灭掉韩、魏！灭了赵，兔死狐悲，对你们有任何好处吗？没有！

第二，如果你们和我联手，韩、赵、魏共同灭了知伯，咱们三家平分晋国，难道对你们有任何坏处吗？没有！

灭赵，其害无边；灭知伯，利益甚大！

韩、魏本来就受到知伯压迫，灭赵之后，知伯更加强大，会进一步灭掉韩、魏，两大家族也很清楚，此次协同攻赵，也是迫不得已。如今，赵氏主动前来联络，三方很容易就达成了一致意见：联手攻打知伯！

三家突然联手，搞了这么一出，知伯措手不及，大败被杀，三家瓜分了知伯的土地。

又过了几十年，韩、赵、魏干脆把晋国君主仅存的土地也给瓜分了，晋国由此彻底灭亡。而韩、赵、魏三家，则在战国七雄中占了三席。

❀ 天上掉下个大馅饼

到了赵孝成王时代，秦国已经势不可当。在著名的长平之战中，秦军大败赵军，赵军四十万士兵被活埋，国势从此一蹶不振。

这场惨败，是怎么引起的呢？

说起来，和赵王的贪心不无关系。如果他没有吃那块"天上掉下的馅儿饼"，失败或许不会来得这么快、这么惨。

赵孝成王四年，忽然来了一拨使者。

使者来自上党。上党是个地名，在今天的山西省，当时隶属于韩国。

他们是上党太守派来的。来干什么呢？求收留。

上党这个地方，当时十分特殊。它虽然属于韩国，但韩国已经没法管理它了——几乎相当于放弃了。为什么呢？因为秦国的蚕食、侵略，已经把上党和韩国其他领土隔离开来。

上党，成了韩国的"孤岛"。

秦国这一招很高明：我就这么困着你，你早晚得投降！

可是，上党人却不愿投降秦国。四处瞅瞅，能依靠的只有邻近的赵国了，于是前来投靠，希望把上党十七个城邑，全部献给赵国。

十七个城邑！这可是块大肥肉啊！

赵孝成王当时就动心了。

可这毕竟是大事，赵王还是找大臣来商量。

大臣赵豹坚决反对："大王，这是引火烧身啊！秦强赵弱，这么做，岂不是和秦国为敌吗？秦国费了那么大功夫，动用那么多兵力，把韩国和上党隔离开来，目的是什么？不就是等着上党投降吗？您倒好，接受了上党的土地，岂不是秦国出力，赵国摘桃子吗？秦国必然恼羞成怒，攻打赵国。面对强秦，您有把握抵抗吗？"

赵王说："这可是十七座城啊！我派出百万大军，攻打一年，都不一定能攻下一座城市！现在人家把十七座城白白送给我，岂有不要的道理？"

赵孝成王终究还是没听赵豹的，他派遣军队，占领了上党。

从此，大麻烦来了。

虎狼秦国，岂肯善罢甘休！

铺天盖地的秦军，在两年后如蝗虫般袭来。

好在，在战国七雄之中，论战将、论军事斗争经验，除了秦国，就是赵国了。甚至，如果不考虑经济实力上的差异，赵国一点都不比秦国差。

著名的大将廉颇，驻守在了长平。

廉颇很有数，据险固守，不和秦军正面交锋。秦军无可奈何。

对廉颇无可奈何，不等于对赵国无计可施——"离间计"上演了。秦国间谍成功地让赵王相信"廉颇胆小，不敢出战"，换上了另一个人。

这个人，就是著名的赵括——纸上谈兵的赵括。

赵孝成王四年七月，廉颇被免职，赵括为将。这么做的结果就是：长平一战，赵括战死，军队败降，士卒四十万被活埋。

赵国虽然伤筋动骨，但廉颇仍在，还可以坚持一些时日。可惜，赵孝成王死后，赵悼襄王继位，任命乐乘为将，代替廉颇。

这个人事安排，无论错也罢、对也罢，廉颇都可以不去计较，毕竟是金子总会发光的。如果乐乘打仗不行，赵国人早晚还会想到廉颇。

可惜，廉颇犯了一个致命的错误：冲动。

他听说乐乘为将，大为愤怒，居然带兵攻打乐乘！

强敌当前，搞窝里斗，这个廉颇，晚节不保！

乐乘被他打跑了，廉颇知道自己闯下大祸，逃跑了。

最终，廉颇客死异乡。虽然一直念念不忘故国，却再也没能回来。他为自己的一时冲动，付出了惨重代价。

画外音：冲动是魔鬼，记住这句话。除此，无须多言。

◎ 最后的救命稻草

赵国，是一个盛产名将的国家。比如廉颇、赵奢（赵括的父亲）、李牧等人。

赵奢在长平之战前就死了；廉颇后来逃跑了；赵国抵抗秦国最后的一根救命稻草，只剩下李牧了。

可惜，最后的救命稻草，赵国也没能珍惜，亡国已是不可避免。

赵悼襄王继位的时候，距离秦灭六国，已经只剩下二十来年的时间了。统一已经不可避免，赵国的反抗，只能算是垂死挣扎。

然而，就是在这种大势已去的情况下，李牧依然取得了令人刮目相看的战绩。在极其不利的情况下，战果如此辉煌，只能说，此人是个军事天才。

从《史记·赵世家》记载的李牧战绩来看，他堪称常胜将军：

赵悼襄王二年，攻燕，胜；

赵幽缪王（悼襄王之子）三年，秦军攻占赵地，李牧率军与秦战于肥下，打败秦军；

赵幽缪王四年，秦再攻赵，李牧率军，打败秦军；

赵幽缪王七年，秦又攻赵，李牧再与秦军大战，然未等战事结束，李牧便遭人陷害，被杀。

李牧一死，赵国彻底垮了。秦大破赵军，次年，占领邯郸，赵亡。

能在赵国被灭的最后几年，保持对秦的不败战绩，李牧实在是个难得的奇才。

然而，战争的胜负，并不只是由战术决定的。国与国的竞争，最终是综合实力的竞争。

李牧即便打败了秦军，也只能暂时延缓秦灭六国的脚步；统一的这一天，早晚会来。

【原著精摘】

后三日，韩氏上党守冯亭使者至，曰："韩不能守上党，入之于秦。其吏民皆安为赵，不欲为秦。有城市邑十七，愿再拜入之赵，财王所以赐吏民。"王大喜，召平阳君豹告之曰："冯亭入城市邑十七，受之何如？"对曰："圣人甚祸无故之利。"王曰："人怀吾德，何谓无故乎？"对曰："夫秦蚕食韩氏地，中绝不令相通，固自以为坐而受上党之地也。韩氏所以不入于秦者，欲嫁其祸于赵也。秦服其劳而赵受其利，虽强大不能得之于小弱，小弱顾能得之于强大乎？岂可谓非无故之利哉！且夫秦以牛田之水通粮，蚕食上乘倍战者，裂上国之地，其政行，不可与为难，必勿受也。"王曰："今发百万之军而攻，逾年历岁未得一城也。今以城市邑十七币吾国，此大利也。"

【译文】

　　过了三天，韩国上党的守将冯亭派使者来到赵国，说："韩国守不住上党，就要并入秦国了。然而那里的官吏百姓都愿意归属赵国，不愿归属秦国。上党有城邑十七个，愿再拜归入赵国，大王怎样向官吏百姓施恩，全凭您决定。"孝成王大喜，召见平阳君赵豹，告诉他说："冯亭进献十七城邑，接受它，怎么样？"赵豹回答说："圣人把无缘无故的利益看成是大的祸害。"孝成王说："上党人被我的恩德感召（所以献地投靠），怎么能说是无故呢？"赵豹回答说："秦国蚕食韩国的土地，把上党和韩国隔绝起来，不让它们相通，本来自以为会安安稳稳地得到上党的土地了。韩国之所以不归顺秦国，是想嫁祸于赵国。秦国付出了辛劳，赵国却白白得利，即使强国也不能随意从弱国那里得利，何况是弱国从强国那里得利，这可能吗？这怎么能说不是无故之利呢！况且秦国利用牛田的水道运粮蚕食韩国，用最好的战车奋力作战，分割韩国的土地，它的政令已经施行，不能和它为敌，一定不要接受。"孝成王说："如今出动百万大军进攻，一年半载也得不到一座城。现在人家把十七座城邑当礼物送给我国，这可是大利呀！"